后浪

三字经

百家姓

千字文

外二种 全译解说本

［南朝梁］周兴嗣 等 撰

马辛民 艾俊川 译注

海峡出版发行集团
THE STRAITS PUBLISHING & DISTRIBUTING GROUP

海峡书局

图书在版编目（ＣＩＰ）数据

三字经·百家姓·千字文：外二种：全译解说本 /
（南朝梁）周兴嗣等撰；马辛民，艾俊川译注 . -- 福州：
海峡书局，2022.4

ISBN 978-7-5567-0906-9

Ⅰ.①三… Ⅱ.①周… ②马… ③艾… Ⅲ.①古汉语
—启蒙读物 Ⅳ.① H194.1

中国版本图书馆 CIP 数据核字 (2022) 第 010573 号

三字经·百家姓·千字文（外二种）（全译解说本）
SANZIJING · BAIJIAXING · QIANZIWEN（WAIERZHONG）
（QUANYI JIESHUOBEN）

［南朝梁］周兴嗣　等 撰　马辛民　艾俊川 译注

出 版 人	林　彬	选题策划	后浪出版公司
出版统筹	吴兴元	编辑统筹	梅天明　宋希於
责任编辑	廖飞琴　龙文涛	特约编辑	何　唯
封面设计	黄　海	装帧制造	墨白空间
营销推广	ONEBOOK		

出版发行	海峡书局	社　　址	福州市白马中路 15 号
邮　　编	350001		海峡出版发行集团 2 楼

印　　刷	天津中印联印务有限公司	开　　本	880 mm × 1194 mm　1/32
印　　张	7.5	字　　数	174 千字
版　　次	2022 年 4 月第 1 版	印　　次	2022 年 4 月第 1 次印刷
书　　号	ISBN 978-7-5567-0906-9	定　　价	38.00 元

前　言

　　蒙学读物是中国古代儿童接受启蒙教育时的读本，中国人自古以来就重视儿童教育。我们的老师、北京大学中文系倪其心教授对传统蒙学和蒙学经典深有研究。他曾教诲我们，从汉代起，适应普及教育的需要，民间出现并流行着的通俗文化识字课本如《仓颉篇》《急就章》之类，用七言韵语编辑社会生活百科知识，易记易通，利于传播。历代相沿发展，逐渐出现了一批实用、简括、稳定、适宜的儿童启蒙教学课本，积累了一些教学经验和方法，形成了古代普及文化教育的传统。在今天弘扬中华民族优秀传统文化的背景下，这批经过历史淘汰而流传下来的蒙学课本有了新的用途、新的功能，即经过精心细致的整理，加以注释，予以今译，分析评介，可以使其成为普及传统文化知识的读物，古为今用，推陈出新。

　　在老师的鼓励和支持下，我们选择经典蒙学著作《三字经》《百家姓》《千字文》《幼学琼林》及《龙文鞭影》进行标点、注释和翻译，不仅希望启蒙今天的儿童等低年龄段读者，还希望为更好地传承中国传统文化尽一份力。

　　《三字经》《百家姓》《千字文》是中国古代以文字浅显、流传广泛著称的三种蒙学读物，所用汉字大多为常用字，识字功能明确，同时言简意丰，让儿童增长见闻知识，初步明白道理。早在明代，教育家吕坤在《社学要略》中便评论说："先读《三字经》，以习见闻；《百家姓》，以便日用；《千字文》，亦有义理。"三种书各有所长，常常配合使用，相辅相成，为初步学习传统文化奠定基础。

《三字经》的作者尚存争论，一般认为是南宋的王应麟，后世又有所增补。它是从最简单的"人"字教起的识字课本，但全文又从人性本善，论及五行自然、伦理道德、经典子书、历史兴亡、名人榜样，三字一句，朗朗上口，起到对儿童的人生观、世界观初步教育的作用。

《百家姓》是一种姓氏文化的识字教材，编于宋朝，因宋朝皇帝姓赵，故以"赵"姓起首，但著者已不可考。《百家姓》全文收录四百四十个姓氏，可以教会儿童辨识姓氏，使其具备日常社交能力；在给姓氏加上背景注释后，可以了解每个姓氏的起源和著名人物。

《千字文》是今存较早的完整的蒙学教材，编撰者是南朝梁的周兴嗣。此书原是贵族子弟的习字法帖，内容则包含广泛，大体叙述了古代中国人对自然、社会、文化的整体认识，强调学习者应遵循的伦理道德和应具有的品行修养。《千字文》用一千个不重复的字编成四字韵文，每句又意义完整、构思巧妙，所以清代大学者顾炎武称赞它"不独以文传，而又以其巧传"。

相较于《三字经》《百家姓》《千字文》，《幼学琼林》和《龙文鞭影》的篇幅增多，知识趋杂。儿童在认识一定汉字的基础上，需要积累各方面的常用知识和写作技巧，此时阅读《幼学琼林》和《龙文鞭影》，可以为之后的精进奠定基础。

《幼学琼林》最初叫《幼学须知》，又有《成语考》《故事寻源》等名称，明末程登吉编撰，清代邹圣脉进行增补。其内容涉及天文地理、社会风俗、典章制度、艺术文化、花木鸟兽、名物技艺等多方面，涵括了古代社会的常用词汇和基本知识，大致相当于古代知识百科。全书分为四卷，按类编排，每一类别中，首先阐述概念，进而介绍相关的常识、常用词汇，最后讲述有关的历史故事，其内容之广博、知识之全面、故事之有趣，非常符合儿童和青少年的认知特点。在文体方面，《幼学琼林》的句子字数长短不等，都是对偶的，这在古时候是为学习写作文章提供的基础训练，在今天则可供品味古文的雕琢对称之美。

《龙文鞭影》是一部以文史典故为主要内容的蒙学读本。其雏形《蒙养故事》由明代萧良有编成，明末清初杨臣诤将其补充订正为《龙文鞭影》，至清代刘有廉又为之删改增益。书名的寓意指"龙文，良马也，见鞭影则疾驰，不俟驱策而后腾骧也"，意为儿童读后，自己就知道上进。其突出特点是典故数量多、覆盖面广。全书收录了自上古时期到唐宋元明的上千个历史故事，种类齐全，不局限于传统道德教育和知识教育，其中文史典故占比较大，注重故事性、趣味性、文学性，在文体上则四字一句，按平水韵编排，对诗歌写作进行启蒙。阅读此书，可以了解历史知识，积累文学素材，提高写作水平。

进阶学习是古代启蒙教育行之有效的经验，也是今天优秀传统文化传承的可靠路径。包括儿童在内的传统文化初学者，由《三字经》《百家姓》《千字文》识写汉字、打好基础，由《幼学琼林》了解古代社会，由《龙文鞭影》汲取历史典故，逐步深入，可以快速有效地积累传统文化基本知识，培养文言文与诗词阅读语感，在潜移默化中增进写作技巧、文化水平。

蒙学教育需要经典的教材，也离不开优秀的教法。古代的儿童教育者根据当时的学生和教材情况，总结出很多教学经验和方法，对今天引导儿童和青少年学习传统文化知识仍有作用。为此我们还选译了清人石天基的《训蒙辑要》和王筠的《教童子法》两种蒙学教法专著，以供参考。

启蒙书首先是识字书，讲究简单易学，像《三字经》《百家姓》和《千字文》的本文，长的一千多字，短的只有几百字，在古代，书中的字义主要依靠塾师讲解。自清代以来，这些蒙学教材也出现带注释的版本，而加上注释，它们更适合作为传统文化的普及读物来阅读。我们对这几部书，就选取或参考古人的注本及近人相关研究，根据每部书的不同特点，运用不同的整理方法，做了翻译和注释，总的思路是不做烦琐考证，而是以这几本书为依托，古今文本对照，以简明扼要的现代释读介绍古代文化知识。

本系列读物曾于三十年前出版，后浪出版公司认为这套书对于今天的读者仍有价值，提议再版。考虑到读者阅读习惯与需求的变化，在后浪同仁的支持下，本次新版做了相应的修订，完善了注释、解说，版式上也进行了必要的调整、规范和升级。

倪其心老师曾告诫我们，蒙学读本不同于文学著作，其实质为抽象的文字、成语词条的联缀。蒙学读本能否成为可读的读物，很大程度上取决于整理者的知识水平和表达能力。如今再版，我们铭记师训，尽量使译文、注释忠于原文，保证知识的准确性、语言符合现代表达和语法规范，力求深入浅出，生动有趣，特别注意辨别传统文化的良莠，必要时加以正确的引导，让读者获得健康有益的阅读体验。希望读者对书中可能出现的错误不吝指正。

译注者

凡 例

一、《三字经》《百家姓》《千字文》的正文以清同治六年（1867）三益堂刻《徐氏三种》本为底本，并参校通行本。《训蒙辑要》《教童子法》俱以清末刻本为底本。

二、在《三字经》《百家姓》《千字文》的译文解说前加入带拼音的完整全文，以便读者诵记。

三、为了方便读者阅读领会，本书正文分条列示，正文后附"译文"和"解说"两部分，是为"全译解说本"。

四、"译文"部分系以白话文翻译本书正文。"解说"部分，大体是对正文中出现的疑难字词，以及历史背景、典故、地理、职官等进行诠释，必要时并对正文大意略作疏通。相同条目原则上只注一次，但有时个别条目相隔较远，含义各有侧重，则互见或另注。为醒目起见，各条"解说"前以◎标识。

五、本书译文及解说部分，曾参阅各种古注或近人研究、考证书籍或文章，为免烦琐，不再一一著录，非敢掠美，统致敬意。

目 录

三
字
经

rén zhī chū xìng běn shàn
人 之 初, 性 本 善。

xìng xiāng jìn xí xiāng yuǎn
性 相 近, 习 相 远。

gǒu bú jiào xìng nǎi qiān
苟 不 教, 性 乃 迁。

jiào zhī dào guì yǐ zhuān
教 之 道, 贵 以 专。

xī mèng mǔ zé lín chǔ
昔 孟 母, 择 邻 处。

zǐ bù xué duàn jī zhù
子 不 学, 断 机 杼。

dòu yān shān yǒu yì fāng
窦 燕 山, 有 义 方。

jiào wǔ zǐ míng jù yáng
教 五 子, 名 俱 扬。

yǎng bú jiào fù zhī guò
养 不 教, 父 之 过。

jiào bù yán shī zhī duò
教 不 严, 师 之 惰。

zǐ bù xué fēi suǒ yí
子 不 学, 非 所 宜。

yòu bù xué lǎo hé wéi
幼 不 学, 老 何 为。

yù bù zhuó bù chéng qì
玉 不 琢, 不 成 器。

rén bù xué bù zhī yì
人 不 学, 不 知 义。

wéi rén zǐ fāng shào shí
为 人 子, 方 少 时,

亲师友，习礼仪。

香九龄，能温席。

孝于亲，所当执。

融四岁，能让梨。

弟于长，宜先知。

首孝弟，次见闻。

知某数，识某文。

一而十，十而百，

百而千，千而万。

三才者，天地人。

三光者，日月星。

三纲者，君臣义，

父子亲，夫妇顺。

曰春夏，曰秋冬，

此四时，运不穷。

曰南北，曰西东，

此四方，应乎中。

曰水火，木金土，

此五行，本乎数。

曰仁义，礼智信，

此五常，不容紊。

稻粱菽，麦黍稷，

此六谷，人所食。

马牛羊，鸡犬豕，

此六畜，人所饲。

曰喜怒，曰哀惧，

爱恶欲，七情具。

匏土革，木石金，

与丝竹，乃八音。

高曾祖，父而身，

身而子，子而孙，

自子孙，至玄曾，

乃九族，人之伦。

父子恩，夫妇从。

兄则友，弟则恭。

长幼序，友与朋。

君则敬，臣则忠。

此十义，人所同。

凡训蒙，须讲究。

详训诂，明句读。

为学者，必有初。

《小学》终，至四书。

《论语》者，二十篇，

群弟子，记善言。

《孟子》者，七篇止，

jiǎng dào dé　shuō rén yì
讲 道 德，说 仁 义。

zuò zhōng yōng　zǐ sī bǐ
作《中 庸》，子 思 笔，

zhōng bù piān　yōng bú yì
中 不 偏，庸 不 易。

zuò dà xué　nǎi zēng zǐ
作《大 学》，乃 曾 子，

zì xiū qí　zhì píng zhì
自 修 齐，至 平 治。

xiào jīng tōng　sì shū shú
《孝 经》通，四 书 熟，

rú liù jīng　shǐ kě dú
如 六 经，始 可 读。

shī shū yì　lǐ chūn qiū
《诗》《书》《易》，《礼》《春 秋》，

hào liù jīng　dāng jiǎng qiú
号 六 经，当 讲 求。

yǒu lián shān　yǒu guī cáng
有《连 山》，有《归 藏》，

yǒu zhōu yì　sān yì xiáng
有《周 易》，三 易 详。

yǒu diǎn mó　yǒu xùn gào
有 典 谟，有 训 诰，

yǒu shì mìng　shū zhī ào
有 誓 命，《书》之 奥。

wǒ zhōu gōng　zuò zhōu lǐ
我 周 公，作《周 礼》，

zhù liù guān　cún zhì tǐ
著 六 官，存 治 体。

大 小 戴, 注 《礼 记》,

述 圣 言, 礼 乐 备。

曰 《国 风》, 曰 《雅》《颂》,

号 四 诗, 当 讽 咏。

《诗》既 亡, 《春 秋》作,

寓 褒 贬, 别 善 恶。

三 传 者, 有 《公 羊》,

有 《左 氏》, 有 《穀 梁》。

经 既 明, 方 读 子。

撮 其 要, 记 其 事。

五 子 者, 有 荀 扬,

文 中 子, 及 老 庄。

经 子 通, 读 诸 史。

考 世 系, 知 终 始。

自 羲 农, 至 黄 帝,

号三皇，居上世。

唐有虞，号二帝。

相揖逊，称盛世。

夏有禹，商有汤，

周文武，称三王。

夏传子，家天下。

四百载，迁夏社。

汤伐夏，国号商。

六百载，至纣亡。

周武王，始诛纣，

八百载，最长久。

周辙东，王纲坠。

逞干戈，尚游说。

始春秋，终战国，

五霸强，七雄出。

嬴秦氏，始兼并。

传二世，楚汉争。

高祖兴，汉业建。

至孝平，王莽篡。

光武兴，为东汉。

四百年，终于献。

蜀魏吴，争汉鼎，

号三国，迄两晋。

宋齐继，梁陈承，

为南朝，都金陵。

北元魏，分东西，

宇文周，与高齐。

迨至隋，一土宇，

不再传，失统绪。

唐高祖，起义师，

除隋乱，创国基。

二十传，三百载，

梁灭之，国乃改。

梁唐晋，及汉周，

称五代，皆有由。

炎宋兴，受周禅。

十八传，南北混。

辽与金，皆称帝。

元灭金，绝宋世。

莅中国，兼戎狄，

九十年，国祚废。

太祖兴，国大明，

号洪武，都金陵。

迨成祖，迁燕京，

十七世，至崇祯。

权阉肆，寇如林，

至李闯，神器焚。

清太祖，膺景命，

靖四方，克大定。

廿一史，全在兹，

载治乱，知兴衰。

读史者，考实录，

通古今，若亲目。

口而诵，心而维，

朝于斯，夕于斯。

昔仲尼，师项橐，

古圣贤，尚勤学。

赵中令，读《鲁论》，

彼既仕，学且勤。

披蒲编，削竹简，

彼无书，且知勉。

头悬梁，锥刺股，

彼不教，自勤苦。

如囊萤，如映雪，

家虽贫，学不辍。

如负薪，如挂角，

身虽劳，犹苦卓。

苏老泉，二十七，

始发愤，读书籍。

彼既老，犹悔迟，

尔小生，宜早思。

若梁灏，八十二，

对大廷，魁多士。

彼既成，众称异，

尔小生，宜立志。

莹八岁，能咏诗。

泌七岁，能赋棋。

彼颖悟，人称奇，

尔幼学，当效之。

蔡文姬，能辨琴。

谢道韫，能咏吟。

彼女子，且聪敏，

尔男子，当自警。

唐刘晏，方七岁，

举神童，作正字。

彼虽幼，身已仕，

尔幼学，勉而致，

有为者，亦若是。

犬守夜，鸡司晨，

苟不学，何为人？

蚕 吐 丝， 蜂 酿 蜜，

人 不 学， 不 如 物。

幼 而 学， 壮 而 行，

上 致 君， 下 泽 民。

扬 名 声， 显 父 母，

光 于 前， 裕 于 后。

人 遗 子， 金 满 籝，

我 教 子， 惟 一 经。

勤 有 功， 戏 无 益，

戒 之 哉， 宜 勉 力。

rén zhī chū xìng běn shàn
人 之 初，性 本 善。

【译文】

人刚生下来的时候，天性本来是善良的。

【解说】

◎初，最初，刚生下来的时候。 ◎性，本性。古人认为，人刚生下来时的本性是善良的。

xìng xiāng jìn xí xiāng yuǎn
性 相 近，习 相 远。

【译文】

各人的性情之间是近似的，但他们从周围环境所受的影响却相差很远。

【解说】

◎性，性情。 ◎习，学习。这里指受环境的影响。

gǒu bú jiào xìng nǎi qiān
苟 不 教，性 乃 迁。

【译文】

假如不进行教育，他们的性情就会改变。

【解说】

◎苟，假如。 ◎教，教育。 ◎迁，改变。

jiào zhī dào guì yǐ zhuān
教 之 道，贵 以 专。

【译文】

教育的方法，最重要的是要求人们专心致志。

【解说】

◎道，方法，途径。　◎贵，可贵的，重要的。　◎专，专心致志。

xī　mèng　mǔ　　zé　lín　chǔ
昔　孟　母，择　邻　处。

【译文】

过去孟母为了教育儿子，找地方居住时注意选择合适的邻居。

【解说】

◎孟母，孟轲的母亲。孟轲是战国时儒家的代表人物。他小时候父亲早死，母亲带着他生活。最初，他们住在一个墓地附近，结果小孟轲就模仿别人送葬时的行为，孟母一见，就将家搬到市场上，结果孟轲又学邻居家如何杀猪、如何卖肉。孟母又把家搬到学堂附近，孟子学的都是各种谦让迎送的礼节，孟母这才放心，认为这个地方能够让儿子学到好东西。　◎择，选择。　◎处，居住。

zǐ　bù　xué　duàn　jī　zhù
子　不　学，断　机　杼。

【译文】

因为儿子不想学习，孟母就弄断织布机上的布来教育他。

【解说】

◎这句话说的仍然是孟母的事。孟轲在年龄稍大些时，去跟着老师子思学习。一天他感到厌倦，就提前跑回了家。孟母当时正在织布，问清情况后很生气，就把正织的一段布割断，并责备孟子说："学习就像织布一样，必须慢慢积累，一点也不能松懈，如果现在厌倦学习，就会前功尽弃，就像我割断了这段布，以后的布就没法织了。" ◎机杼，指织布机，这里借指所织的布。杼，织布机上的筘，也指梭。

dòu yān shān　yǒu yì fāng
窦 燕 山，有 义 方。

【译文】

窦燕山教育子女很有方法。

【解说】

◎窦燕山，名叫窦禹钧，是五代后周时人，曾在幽州为官，幽州古时属燕国，这里是用地名称呼他。 ◎义方，符合正理的方法。

jiào wǔ zǐ　míng jù yáng
教 五 子，名 俱 扬。

【译文】

他教育的五个儿子，名气都传扬在外。

【解说】

◎这一句与上句是相连的。窦禹钧的五个儿子参加科举考试，全部考中，后来都做了很大的官。当时有个叫冯道的官员曾写了一首诗说："燕山窦十郎，教子以义方。灵椿一株老，丹桂五枝芳。"

yǎng bú jiào　fù zhī guò
养 不 教，父 之 过。

【译文】

生养了孩子却不教育他，这是做父亲的过错。

【解说】

◎过，过错，罪过。

jiào　bù　yán，shī　zhī　duò

教　不　严，师　之　惰。

【译文】

教育时不严格要求，这是当老师的懒惰。

【解说】

◎惰，懒惰，懈怠。

zǐ　bù　xué，fēi　suǒ　yí

子　不　学，非　所　宜。

【译文】

小孩不想学习，是很不应该的。

【解说】

◎宜，应该。

yòu　bù　xué，lǎo　hé　wéi

幼　不　学，老　何　为。

【译文】

年龄小的时候不学习，到老了能干什么呢！

【解说】

◎何为，干什么。

yù　bù　zhuó，bù　chéng　qì

玉　不　琢，不　成　器。

【译文】

美玉如果不经过雕琢，就不会成为有用而美观的器物。

【解说】

◎琢，对玉石进行雕刻。　◎器，用具，器物。

rén　bù　xué　bù　zhī　yì
人　不　学，不　知　义。

【译文】

人如果不学习，就不知道什么是正确的道理。

【解说】

◎义，正确的道理。

wéi　rén　zǐ　fāng　shào　shí
为　人　子，方　少　时，
qīn　shī　yǒu　xí　lǐ　yí
亲　师　友，习　礼　仪。

【译文】

作为晚辈，在正当少年的时候，要亲近老师和朋友，学习各种礼节仪式。

【解说】

◎习，学习。　◎礼仪，人们交往时的各种规范和仪式。

xiāng　jiǔ　líng　néng　wēn　xí
香　九　龄，能　温　席。

【译文】

黄香九岁时，就知道用身体给父母暖席子和被子。

【解说】

◎香，指黄香，汉代人。据说他刚九岁时，就知道孝顺父母。在天气冷的时候，他用身体替父母暖席子和被子，好让父母睡得舒服。当时称他"天下无双，江夏黄童"。

xiào　yú　qīn　suǒ　dāng　zhí
孝　于　亲，　所　当　执。

【译文】

孝顺父母，是做晚辈的所应该遵行的。

【解说】

◎亲，指父母。　◎执，遵守并实行。

róng　sì　suì　néng　ràng　lí
融　四　岁，　能　让　梨。

【译文】

孔融四岁时，就能把大梨让给兄长。

【解说】

◎融，指孔融，汉代人。据说他在四岁时就懂得谦让。有一次，别人送一筐梨给他家，别的孩子都抢着拿大的，他却拿了一个小的，别人问他为什么，他说："哥哥们年龄大，应该吃大的；我年龄最小，当然应该吃小的。"

tì　yú　zhǎng　yí　xiān　zhī
弟　于　长，　宜　先　知。

【译文】

敬爱兄长，这是从小就应该知道的。

【解说】

◎弟，这里通"悌"，读 tì，指敬爱哥哥。

shǒu　xiào　tì　cì　jiàn　wén
首　孝　弟，　次　见　闻。

【译文】

首先要孝顺父母、尊敬兄长，其次要增长见识。

【解说】

◎见闻，见是看见，闻是听说，见闻是指从外界接受的知识。

zhī mǒu shù shí mǒu wén
知 某 数， 识 某 文。

【译文】

知道某个数代表几，认识某个字是什么意思。

【解说】

◎文，字。

yī ér shí shí ér bǎi
一 而 十， 十 而 百，
bǎi ér qiān qiān ér wàn
百 而 千， 千 而 万。

【译文】

从一到十，从十到百，从百到千，从千到万。

sān cái zhě tiān dì rén
三 才 者， 天 地 人。

【译文】

三才指的是天、地、人。

【解说】

◎三才，三种最基本的具有变化才能的事物。《周易·说卦传》上写道："是以立天之道，曰阴与阳；立地之道，曰柔与刚；立人之道，曰仁与义；兼三才而两之，故易六画而成卦。"

^{sān} ^{guāng} ^{zhě} ^{rì} ^{yuè} ^{xīng}
三　光　者，日　月　星。

【译文】

三光指的是太阳、月亮、星星。

^{sān} ^{gāng} ^{zhě} ^{jūn} ^{chén} ^{yì}
三　纲　者，君　臣　义，

^{fù} ^{zǐ} ^{qīn} ^{fū} ^{fù} ^{shùn}
父　子　亲，夫　妇　顺。

【译文】

社会中三种基本纲领是：君主和大臣之间讲道义，父亲子女之间要亲密，丈夫和妻子之间要和顺。

【解说】

◎纲，纲领；基本准则。　◎义，做事合乎事理。

^{yuē} ^{chūn} ^{xià} ^{yuē} ^{qiū} ^{dōng}
曰　春　夏，曰　秋　冬，

^{cǐ} ^{sì} ^{shí} ^{yùn} ^{bù} ^{qióng}
此　四　时，运　不　穷。

【译文】

春、夏、秋、冬，这四个季节，循环变化，没有穷尽。

【解说】

◎一年分四季，一季大致有三个月的时间。阴历一、二、三月是春季，四、五、六月是夏季，七、八、九月是秋季，十、十一、十二月是冬季。

yuē nán běi yuē xī dōng
曰 南 北， 曰 西 东，
cǐ sì fāng yìng hū zhōng
此 四 方， 应 乎 中。

【译文】

南、北、西、东，这四个方向，与中央相对应。

yuē shuǐ huǒ mù jīn tǔ
曰 水 火， 木 金 土，
cǐ wǔ xíng běn hū shù
此 五 行， 本 乎 数。

【译文】

金、木、水、火、土，被称作五行，它们与事物的构成和发展规律有关系。

【解说】

◎五行，古人认为金、木、水、火、土是构成各种物质的基本元素，它们之间的相互作用促成了事物的变化和发展，所以说它们本乎数，这里的"数"指发展和变化的规律。

yuē rén yì lǐ zhì xìn
曰 仁 义， 礼 智 信，
cǐ wǔ cháng bù róng wèn
此 五 常， 不 容 紊。

【译文】

仁、义、礼、智、信，这五种基本准则，不容许弄混乱。

【解说】

◎仁，宽厚，怀有同情心。 ◎义，做事合于事理，有羞耻心。 ◎礼，恭敬。 ◎智，能明辨是非。 ◎信，诚实、有信用。　◎紊，乱。

dào liáng shū mài shǔ jì
稻　粱　菽，麦　黍　稷，
cǐ liù gǔ rén suǒ shí
此　六　谷，人　所　食。

【译文】

　　稻子、高粱、大豆、小麦、黍子、谷子，这是人们常吃的六种谷物。

【解说】

　　◎菽，豆类的总称。　◎黍，黍子，碾出的米叫黏黄米。　◎稷，古代的一种粮食作物，有说是谷子的。

mǎ niú yáng jī quǎn shǐ
马　牛　羊，鸡　犬　豕，
cǐ liù chù rén suǒ sì
此　六　畜，人　所　饲。

【译文】

　　马、牛、羊、鸡、狗、猪，这是人饲养的六种常见牲畜。

【解说】

　　◎犬，狗。　◎豕，猪。　◎饲，喂养。

yuē xǐ nù yuē āi jù
曰　喜　怒，曰　哀　惧，
ài wù yù qī qíng jù
爱　恶　欲，七　情　具。

【译文】

　　欢喜、愤怒、悲哀、恐惧、爱恋、厌恶、思慕，这七种感情是每个人都具有的。

páo　tǔ　gé　mù　shí　jīn
匏　土　革，木　石　金，

yǔ　sī　zhú　nǎi　bā　yīn
与　丝　竹，乃　八　音。

【译文】

匏、土、革、木、石、金、丝、竹是八类乐器。

【解说】

◎匏，笙、竽一类的乐器。　◎土，用土烧制的乐器，如埙（xūn）。　◎革，指用皮革制成的乐器，如鼓。　◎木，指柷（zhù）、敔（yǔ）一类的乐器。　◎石，指磬。　◎金，指锣、铃铛、喇叭之类的乐器。　◎丝，指琴、瑟之类有弦的乐器。　◎竹，指笛子、箫一类的乐器。

gāo　zēng　zǔ　fù　ér　shēn
高　曾　祖，父　而　身，

shēn　ér　zǐ　zǐ　ér　sūn
身　而　子，子　而　孙，

zì　zǐ　sūn　zhì　xuán　zēng
自　子　孙，至　玄　曾，

nǎi　jiǔ　zú　rén　zhī　lún
乃　九　族，人　之　伦。

【译文】

从高祖、曾祖、祖父、父亲到自己，从自己到儿子、儿子到孙子，到曾孙、玄孙，这叫九族，是人类社会的基本关系。

【解说】

◎伦，人与人之间的关系。

fù　zǐ　ēn　　fū　fù　cóng
父 子 恩， 夫 妇 从。

【译文】

父亲和儿子之间要有恩情，丈夫和妻子之间要和顺。

xiōng　zé　yǒu　　dì　zé　gōng
兄 则 友， 弟 则 恭。

【译文】

做哥哥的要友爱，做弟弟的要恭敬。

zhǎng　yòu　xù　　yǒu　yǔ　péng
长 幼 序， 友 与 朋。

【译文】

长幼之间要注意尊卑次序，朋友之间要友爱。

jūn　zé　jìng　　chén　zé　zhōng
君 则 敬， 臣 则 忠。

【译文】

君主对臣子要尊重，臣子对君主要忠心。

cǐ　shí　yì　　rén　suǒ　tóng
此 十 义， 人 所 同。

【译文】

这十种准则，每个人都应该遵守的。

【解说】

◎这一句与以上四句是相连的。十义，指十种不同的身份应该遵守的准则。

fán xùn méng   xū jiǎng jiū
凡 训 蒙， 须 讲 究。

【译文】

凡是教育儿童，要讲究一定的方法。

【解说】

◎训，教育。　◎蒙，指儿童。

xiáng xùn gǔ   míng jù dòu
详 训 诂， 明 句 读。

【译文】

既要详细地讲解字义，又要让他们明白语句在什么地方结束、在什么地方停顿。

【解说】

◎训诂，解释古书的字义。　◎句读，就是句和逗。"读"在这里念 dòu。一句结束为句，一句里停顿的地方为逗。古书都是不加标点符号的，所以要教儿童句读。

wéi xué zhě   bì yǒu chū
为 学 者， 必 有 初。

【译文】

学习的人，读书必定要有开始读什么后来读什么的次序。

xiǎo xué zhōng zhì sì shū
《小 学》终， 至 四 书。

【译文】

《小学》念完以后，再读四书。

【解说】

　　◎小学，本来指儿童学习课程，如识字、算数、写字之类，这里指宋代朱熹所写的《小学》一书。四书包括《大学》《中庸》《论语》《孟子》，是朱熹所编选。下面四句就是具体讲这四部书的。

　　lún　yǔ　zhě　èr　shí　piān
　《论 语》者， 二 十 篇，

　　qún　dì　zǐ　jì　shàn　yán
　　群 弟 子， 记 善 言。

【译文】

　　《论语》共有二十篇，是孔子的学生们记录下来的孔子的精彩言论。

　　mèng　zǐ　zhě　qī　piān　zhǐ
　《孟 子》者， 七 篇 止，

　　jiǎng　dào　dé　shuō　rén　yì
　　讲 道 德， 说 仁 义。

【译文】

　　《孟子》共有七篇，内容是讲仁义道德方面的思想。

【解说】

　　◎《孟子》是孟轲所作。

　　zuò　zhōng yōng　zǐ　sī　bǐ
　　作《中 庸》， 子 思 笔，

　　zhōng　bù　piān　yōng　bú　yì
　　中 不 偏， 庸 不 易。

【译文】

　　子思写作了《中庸》，不偏叫中，不变叫庸。

【解说】

◎《中庸》，相传是孔子的孙子子思所作。本是《礼记》中的一篇，南宋朱熹把它同《论语》《孟子》《大学》合为四书。

zuò　dà　xué　　nǎi　zēng　zǐ
作《大 学》，乃 曾 子，

zì　xiū　qí　　zhì　píng　zhì
自 修 齐 ，至 平 治。

【译文】

作《大学》的，是曾子，书中从修养自身、管理家庭，讲到治理国家和平定天下。

【解说】

◎《大学》，本来也是《礼记》中的一篇，相传是孔子的学生曾参所作。曾子，名参。

xiào　jīng　tōng　sì　shū　shú
《孝 经》通，四 书 熟，

rú　liù　jīng　shǐ　kě　dú
如 六 经，始 可 读。

【译文】

《孝经》读通了，四书也读熟了，才能开始读六经。

【解说】

◎《孝经》的内容，主要是讲孝道和用孝道治理国家的方法。

shī　　shū　　yì　　　　lǐ　　chūn　qiū
《诗》《书》《易》，《礼》《春　秋》，

hào　　liù　　jīng　　dāng　jiǎng　qiú
号　　六　　经，　　当　　讲　　求 。

【译文】

《诗经》《尚书》《周易》《周礼》《乐经》《春秋》，统称六经，应当仔细讲解研究。

【解说】

◎上面的句子中没有提《乐经》，所以数起来只有五经。对于《乐经》是否算六经之一，古代研究经书的两大学派有不同看法，古文学派认为有《乐经》，只是后来失传了；而今文学派认为《乐经》本来是附在《诗经》中的，没有独立成书。

yǒu　　lián　shān　　　yǒu　　guī　cáng
有 《连　山》，有 《归　藏》，

yǒu　　zhōu　yì　　　　sān　　yì　xiáng
有 《周　易》，三　　易　详 。

【译文】

夏朝有《连山》，商朝有《归藏》，周朝有《周易》，这三本易书应该详细知道。

【解说】

◎《连山》《归藏》是传说中夏朝和商朝的易书，早已失传。　◎《周易》则一直流传到今天。

yǒu diǎn mó　　yǒu xùn gào
有　典　谟，　有　训　诰，

yǒu shì mìng　shū zhī ào
有　誓　命，《书》之　奥。

【译文】

典、谟、训、诰、誓、命，都是《尚书》的文体，反映了《尚书》的深奥。

【解说】

◎《尚书》是古代的历史文献，所以它的文体与政治制度有关。如典，是帝王即位时的政书；谟，记载大臣们的谋略；训，大臣对帝王的训诫之词；诰，诏书、布告；誓，出师时的誓表；命，帝王发布的命令。又因为《尚书》是上古历史文献，所以它非常深奥难懂。

wǒ zhōu gōng　zuò zhōu lǐ
我　周　公，作《周　礼》，

zhù liù guān　cún zhì tǐ
著　六　官，存　治　体 。

【译文】

周公作了《周礼》，设置六种官职，确立了治理国家的基本制度。

【解说】

◎周公，姓姬，名叫旦，是周文王的儿子。据说《周礼》是他作的。他又创立六种官职：天官大冢宰、地官大司徒、春官大宗伯、夏官大司马、秋官大司寇、冬官大司空，这是后世官制的基础。

dà　xiǎo　dài　　zhù　　lǐ　　jì
大　小　戴，注《礼　记》，

shù　shèng　yán　　lǐ　　yuè　bèi
述　圣　言，礼　乐　备 。

【译文】

大戴和小戴叔侄二人，为《礼记》作注，陈述圣人的言论，使礼乐完备。

【解说】

◎大戴叫戴德，小戴叫戴圣，都是汉代的儒学家。《礼记》在汉文帝时被后苍定为一百八十篇，戴德删定成八十五篇，名叫《大戴礼》，戴圣又删定成四十六篇，这就是《小戴礼》，现在流传的就是《小戴礼》。

yuē　　guó　fēng　　yuē　　yǎ　　sòng
曰《国　风》，曰《雅》《颂》，

hào　　sì　　shī　　dāng　fēng　yǒng
号　四　诗，当　讽　咏 。

【译文】

《国风》《雅》《颂》，叫四诗，应该吟诵。

【解说】

◎《诗经》分为《国风》《雅》《颂》三个部分，其中《雅》又分《大雅》《小雅》，所以叫四诗。《国风》《雅》《颂》实际是根据诗的性质、来源和用途所做的分类。

shī　jì　wáng　　chūn　qiū　zuò
《诗》既亡，《春秋》作，

yù　bāo　biǎn　　bié　shàn　è
寓褒贬，别善恶。

【译文】

《诗经》消亡以后，《春秋》被写出来，其中包含着褒贬，又对善恶进行区别。

【解说】

◎在周朝时，设有专门的搜集诗歌的官员，而《雅》《颂》部分在当时也是有实际用途的。后来周朝逐渐衰微，《诗》的来源也就断绝了。而诸侯的强大又使战乱不停，原来的很多道德准则遭到破坏，孔子看到这种情况，就写了《春秋》，记载了当时的历史，其中包含着对各诸侯的赞誉和谴责，使人们更能认清善恶。

sān　zhuàn　zhě　　yǒu　gōng　yáng
三传者，有《公羊》，

yǒu　zuǒ　shì　　yǒu　gǔ　liáng
有《左氏》，有《穀梁》。

【译文】

三传是指《公羊传》《左氏传》《穀梁传》。

【解说】

◎孔子作了《春秋》之后，因为比较简略，后来又有不少人为它作传，补充材料并进行解说，其中最著名的是传为左丘明作的《左氏传》、公羊高作的《公羊传》、穀梁赤作的《穀梁传》。

jīng jì míng fāng dú zǐ
经 既 明， 方 读 子。

【译文】

经书都明白了以后，才可以读诸子百家的书。

【解说】

◎子，指春秋战国时除被确定为经学之外的其他各家学说，如老子、庄子、荀子、韩非子、墨子等人的学说。

cuō qí yào jì qí shì
撮 其 要， 记 其 事。

【译文】

采摘这些学说的要点，记下这些学说所叙述的事情。

【解说】

◎撮，采摘。

wǔ zǐ zhě yǒu xún yáng
五 子 者， 有 荀 扬，
wén zhōng zǐ jí lǎo zhuāng
文 中 子， 及 老 庄。

【译文】

五子是指荀子、扬子、文中子、老子、庄子。

【解说】

◎这是在诸子中举出五家。荀子，名荀况，著有《荀子》。扬子，指扬雄，他著有《太玄经》《法言》二书。文中子，指王通，他作有《元经》《中说》。老子，名叫李耳，他著有《道德经》。庄子名庄周，他的著作叫《庄子》。扬雄是汉代人，王通是隋代人，其他人都生活在春秋战国时期。

jīng zǐ tōng dú zhū shǐ

经 子 通，读 诸 史。

【译文】

六经、诸子的学说都读通了，可以开始读史书。

kǎo shì xì zhī zhōng shǐ

考 世 系，知 终 始。

【译文】

读史时要考究世系的更替，知道朝代开始和结束的时间。

zì xī nóng zhì huáng dì

自 羲 农，至 黄 帝，

hào sān huáng jū shàng shì

号 三 皇，居 上 世。

【译文】

伏羲、神农、黄帝，号称三皇，他们都是上古时的人。

【解说】

◎羲指伏羲，姓风，古代传说中的人物，据说八卦就是由他发明的。 ◎农指神农，姓姜，又称炎帝，传说他尝了各种草，试出哪些草可以用于治病。他还教会人们耕种五谷。◎黄帝，姓姬，又叫轩辕氏，传说他是中华民族的始祖。

táng yǒu yú hào èr dì

唐 有 虞，号 二 帝。

【译文】

尧和舜被称作二帝。

【解说】

◎唐，指尧，他曾被封陶地和唐地，所以又称他陶唐氏。　◎有虞，指舜。舜姓姚，或说姓妫，名重华。

xiāng　yī　xùn　chēng shèng shì
相　揖　逊，　称　盛　世。

【译文】

他们相继将帝位禅让，他们所处的时代被称作盛世。

【解说】

◎揖逊，谦逊退让。尧把帝位让给舜，舜后来把帝位让给了禹。

xià　yǒu　yǔ　shāng yǒu tāng
夏　有　禹，　商　有　汤，
zhōu　wén　wǔ　chēng sān wáng
周　文　武，　称　三　王。

【译文】

夏禹、商汤、周文王和武王，被称作"三王"。

【解说】

◎禹、汤、文王和武王分别是夏朝、商朝、周朝的建立者。

xià chuán zǐ　jiā tiān xià
夏　传　子，　家　天　下。

【译文】

夏朝开始把王位传给儿子，把天下当作自家的财产。

【解说】

◎在夏禹之前，帝位都是禅让的，只传给有才能的人，禹把帝位传给了自己的儿子启，从此开始了传子不传贤的历史。

sì　bǎi　zǎi　qiān　xià　shè
四　百　载，迁　夏　社。

【译文】

经过四百多年，夏朝灭亡了。

【解说】

　　◎夏朝从夏禹开始到夏桀被灭，经历十七位君主，共四百三十九年。　◎迁，变动。社，社稷，指国家。

tāng　fá　xià　guó　hào　shāng
汤　伐　夏，国　号　商。

【译文】

商汤讨伐夏朝，建立了国号叫商的朝代。

【解说】

　　◎汤，姓子，名履。他将夏朝暴君桀放逐，灭了夏朝。

liù　bǎi　zǎi　zhì　zhòu　wáng
六　百　载，至　纣　亡。

【译文】

经过六百多年，到商纣王时灭亡。

【解说】

　　◎商朝从商汤开始到商纣王灭亡，经历三十位君主，共六百四十四年。

zhōu wǔ wáng　shǐ zhū zhòu
周 武 王，始 诛 纣，

bā bǎi zǎi　zuì cháng jiǔ
八 百 载，最 长 久。

【译文】

周武王杀死了商纣王，周朝延续了八百年，是各朝代中时间最长的。

【解说】

◎周武王姓姬，名发。他带兵杀死了残暴的商纣王，建立了周朝。周朝经历了三十七位君主，共八百六十七年。　◎诛，杀死。

zhōu zhé dōng　wáng gāng zhuì
周 辙 东，王 纲 坠。

【译文】

周朝东迁以后，王朝的纲纪就败坏了。

【解说】

◎周朝在周平王时东迁，建都在洛阳，历史上称为东周。

chěng gān gē　shàng yóu shuì
逞 干 戈，尚 游 说。

【译文】

诸侯相互炫耀武力，士人崇尚四处游说。

【解说】

◎逞，炫耀。　◎干戈，指武力。　◎游说，战国时的策士，周游各国，向统治者陈说形势，提出政治、军事、外交方面的主张，以求取高官厚禄，叫游说。"说"在这里念 shuì。

shǐ chūn qiū zhōng zhàn guó
始 春 秋， 终 战 国，
wǔ bà qiáng qī xióng chū
五 霸 强， 七 雄 出。

【译文】

从春秋时期开始，到战国时代结束，这阶段有春秋五霸争强，战国七雄出现。

【解说】

◎周平王东迁后，春秋时期（公元前770年到公元前476年）开始。这时期有春秋五霸，即齐桓公、晋文公、秦穆公、宋襄公、楚庄王。 ◎三家分晋后，战国时期（公元前475年至公元前221年）开始，这时期有七个诸侯国实力强大，被称为战国七雄，这七国是：齐、楚、燕、韩、赵、魏、秦。

yíng qín shì shǐ jiān bìng
嬴 秦 氏， 始 兼 并。

【译文】

秦始皇嬴政兼并了六国。

【解说】

◎秦国在嬴政继承王位以后，灭了其他六国，统一了天下，嬴政自号始皇帝。

chuán èr shì chǔ hàn zhēng
传 二 世， 楚 汉 争。

【译文】

皇位只传到秦二世，天下大乱，楚王项羽和汉王刘邦争夺天下。

【解说】

◎秦始皇死后，皇位传给秦二世，这时各地纷纷起义，其中最主要的力量是楚王项羽和汉王刘邦。

gāo　zǔ　xīng　hàn　yè　jiàn
高　祖　兴，汉　业　建。

【译文】

汉高祖刘邦兴起，建立了汉朝大业。

【解说】

◎刘邦在秦朝末年起兵，攻占了秦朝都城咸阳，废除了秦朝的严刑苛法，后来又打败了项羽，建立了汉朝。

zhì　xiào　píng　wáng　mǎng　cuàn
至　孝　平，王　莽　篡。

【译文】

到了汉平帝时，王莽篡夺了皇位。

【解说】

◎汉平帝名叫刘衍（kàn），被王莽毒死。王莽毒死平帝后，又立了个小皇帝孺子婴，自己掌握大权，后来又把孺子婴废了，自己做了皇帝，改国号叫新。

guāng　wǔ　xīng　wéi　dōng　hàn
光　武　兴，为　东　汉。

【译文】

汉光武帝兴起，东汉开始。

【解说】

◎光武帝，名叫刘秀，在王莽政权末年起兵，夺取了政权，恢复了汉朝，历史上称为东汉。

sì bǎi nián zhōng yú xiàn
四 百 年， 终 于 献。

【译文】

汉朝延续了四百多年，在汉献帝时结束。

shǔ wèi wú zhēng hàn dǐng
蜀 魏 吴， 争 汉 鼎，
hào sān guó qì liǎng jìn
号 三 国， 迄 两 晋。

【译文】

　　魏国、蜀国、吴国，争夺汉朝的天下，号称"三国"，直到两晋开始。

【解说】

　　◎汉朝末年有许多割据政权，后来演变成魏、蜀、吴三国鼎立的局面。　◎魏国（公元 220—265 年），曹丕废了汉献帝，建立魏国，都城在洛阳，到元帝曹奂被司马炎废为陈留王时灭亡。　◎蜀国（公元 221—263 年），刘备建立，国号汉，史称蜀汉，都城在成都。　◎吴国（公元 222—280 年），孙权建立。　◎两晋，指西晋和东晋，西晋在公元 265 年开始，由司马炎建立，到晋愍帝司马邺结束。东晋开始于公元 317 年，由晋元帝司马睿建立，到晋恭帝司马德文结束，此后南北朝时期开始。

sòng qí jì liáng chén chéng
宋 齐 继， 梁 陈 承，
wéi nán cháo dū jīn líng
为 南 朝， 都 金 陵。

【译文】

　　晋朝之后是宋、齐，然后是梁、陈，这段时期是南朝，都城都建在金陵。

【解说】

◎宋，刘裕建立。经过六十年，前后共有八位皇帝。
◎齐，萧道成废了宋顺帝刘准，建立了齐朝，经过二十四年，到齐和帝萧宝融时灭亡。　◎梁，梁朝由萧衍建立，存在五十六年。　◎陈，由陈霸先建立，到后主陈叔宝时灭亡。

běi　yuán　wèi　　fēn　dōng　xī
北　元　魏，分　东　西，
yǔ　wén　zhōu　　yǔ　gāo　qí
宇　文　周，与　高　齐。

【译文】

　　北魏分成东魏和西魏，西魏之后是宇文氏的北周，东魏之后是高洋建立的北齐。

【解说】

◎在南朝存续时期，北方也先后建立了几个政权。史称北朝。　◎魏由鲜卑人拓跋珪建立，为与曹丕建立的魏朝区别，后世又称北魏。至孝文帝进行改革，鲜卑人全改汉姓，拓跋氏改姓元，所以有"元魏"的说法。公元532年，高欢立孝武帝，534年，高欢又立元善见为皇帝，建都邺城，魏从此分成东、西魏，元善见就是东魏孝静帝。　◎公元550年，高洋废掉孝静帝自己做了皇帝，国号齐，这就是北齐。　◎公元556年，宇文护逼迫西魏恭帝把皇位让给宇文觉，西魏灭亡，北周建立。

dài zhì suí yī tǔ yǔ
迨 至 隋， 一 土 宇，
bú zài chuán shī tǒng xù
不 再 传， 失 统 绪。

【译文】

到了隋朝，统一了天下，但皇位只传了一代，就灭亡了。

【解说】

◎隋，公元 581 年建立。隋文帝用九年时间统一了南北方。皇位传给炀帝杨广后，隋朝就灭亡了。 ◎迨，到。一，统一。土宇，领土。 ◎再，两次。统绪，指对皇位的继承。

táng gāo zǔ qǐ yì shī
唐 高 祖， 起 义 师，
chú suí luàn chuàng guó jī
除 隋 乱， 创 国 基。

【译文】

唐高祖李渊，发起正义的军队，消除了隋朝的混乱，奠定了新的国家基础。

【解说】

◎唐高祖，即李渊。他在公元 617 年在太原起兵，随后攻占了长安，第二年建立唐朝。

èr shí chuán sān bǎi zǎi
二 十 传， 三 百 载，
liáng miè zhī guó nǎi gǎi
梁 灭 之， 国 乃 改。

【译文】

唐朝共传了二十个皇帝，延续了近三百年，后来被后梁灭亡，国家政权改变。

【解说】

◎唐朝从高祖李渊建国到昭宣皇帝被朱温所废，经历二十个皇帝，共二百八十九年。朱温建立的梁朝，历史上称作后梁。

liáng táng jìn　jí hàn zhōu
梁　唐　晋，及　汉　周，
chēng wǔ dài　jiē yǒu yóu
称　五　代，皆　有　由。

【译文】

后梁、后唐、后晋、后汉、后周被称为"五代"，都是有来由的。

【解说】

◎梁，历史上称为后梁，公元907年由朱温建立。　◎这里的唐指后唐，李存勖（xù）灭了后梁，在公元923年建立。　◎晋，即后晋，石敬瑭建立。　◎汉，即后汉，刘知远建立，只存在了四年。　◎周，即后周，郭威建立。　◎与五代同时存在的还有十个割据政权，分别是：吴、南唐、前蜀、后蜀、楚、闽、吴越、荆南、南汉、北汉。这一段时期历史上称作"五代十国"。

yán sòng xīng　shòu zhōu shàn
炎　宋　兴，受　周　禅。

【译文】

北宋的建立是受后周的"禅让"。

【解说】

◎炎宋，古代把朝代的更替与五行理论联系起来，认为金、木、水、火、土相生相克象征着一个朝代取代另一个朝代，宋代与火是对应的，所以叫炎宋。宋代开国君主赵匡胤本是后周将领，公元960年在陈桥驿发动兵变，逼迫周恭帝让位，夺取了后周政权。

shí bā chuán nán běi hùn
十 八 传， 南 北 混。

【译文】

宋朝传了十八个皇帝后灭亡，南方和北方再获统一。

【解说】

◎宋朝从宋太祖开始到徽宗和钦宗被金国俘虏，这段时间是北宋；从高宗在应天府重登皇位到帝昺投海，这段时间是南宋。两宋共传了十八位皇帝。宋朝时，我国经济文化得到大发展。随着元朝灭亡南宋，中国结束南北分裂。 ◎混，混并，统一。

liáo yǔ jīn jiē chēng dì
辽 与 金， 皆 称 帝。

【译文】

辽国和金国，都称帝建国。

【解说】

◎与宋朝同时存在的还有辽国和金国。辽国，公元907年建国，国号契丹，公元947年改国号为辽。金国，完颜阿骨打建立，公元1115年称帝。

yuán　miè　jīn　　jué　sòng　shì
元　灭　金，绝　宋　世。

【译文】

元朝灭了金国，又灭了宋朝。

【解说】

◎元，蒙古铁木真（成吉思汗）在公元 1206 年建国，公元
1271 年忽必烈定国号为元。1233 年灭了金国，1279 年灭了南宋。

lì　zhōng　guó　　jiān　róng　dí
莅　中　国，兼　戎　狄，

jiǔ　shí　nián　　guó　zuò　fèi
九　十　年，国　祚　废。

【译文】

元朝统治中原，兼并了各民族，政权存在了九十年
后，国家政体解体。

【解说】

◎莅，来到。戎狄，指各少数民族。国祚，国家政体。

tài　zǔ　xīng　　guó　dà　míng
太　祖　兴，国　大　明，

hào　hóng　wǔ　　dū　jīn　líng
号　洪　武，都　金　陵。

【译文】

太祖朱元璋兴起，建立了国号为大明的国家，年号
洪武，国都建在南京。

【解说】

◎太祖，朱元璋，明代的开国皇帝，他在元朝末年起兵反
元，在公元 1368 年建立了明朝。金陵，即现在的南京。

dài chéng zǔ　qiān yān jīng
迨 成 祖， 迁 燕 京，

shí qī shì　zhì chóng zhēn
十 七 世， 至 崇 祯。

【译文】

等到明成祖的时候，将国都迁到北京，经过十七个皇帝，传到崇祯。

【解说】

◎明成祖，名叫朱棣（dì）。迨，等到。　◎燕京，就是现在的北京。　◎崇祯，指明毅宗朱由检，他的年号是崇祯。

quán yān sì　kòu rú lín
权 阉 肆， 寇 如 林，

zhì lǐ chuǎng shén qì fén
至 李 闯， 神 器 焚。

【译文】

在崇祯末年，掌握实权的宦官胡作非为，起兵造反的人很多，到李闯王起义，明朝就灭亡了。

【解说】

◎阉，指宦官。　◎李闯，指闯王李自成。明末农民起义领袖，公元 1644 年带兵攻进北京，灭了明朝。　◎神器，指国家政权。

qīng tài zǔ　yīng jǐng mìng
清 太 祖， 膺 景 命，

jìng sì fāng kè dà dìng
靖 四 方， 克 大 定。

【译文】

清太祖承受天命，平定四方，使天下得到安定。

【解说】

　　◎清太祖，就是爱新觉罗·努尔哈赤，他统一了满族各部落，在 1616 年建国，国号后金，1636 年改国号为清。1644 年清兵入关，建立了统一的政权。　◎膺，承受。　◎景命，大命，指天命。　◎靖，安定，平定。　◎克，能。

niàn　yī　shǐ　quán　zài　zī
廿　一　史，全　在　兹，

zǎi　zhì　luàn　zhī　xīng　shuāi
载　治　乱，知　兴　衰。

【译文】

　　二十一史，全写在这里，其中记载了国家的安定和混乱，使人知道各个朝代的兴起和衰亡。

【解说】

　　◎廿，二十的合写。二十一史是古代的正史，包括《史记》《汉书》《后汉书》《三国志》《晋书》《宋书》《南齐书》《梁书》《陈书》《魏书》《北齐书》《周书》《隋书》《南史》《北史》《新唐书》《新五代史》《宋史》《辽史》《金史》《元史》。后来二十一史又加上《旧唐书》《旧五代史》《明史》，称为"二十四史"，记载了从上古到明代的历史。

dú　shǐ　zhě　kǎo　shí　lù
读　史　者，考　实　录，

tōng　gǔ　jīn　ruò　qīn　mù
通　古　今，若　亲　目。

【译文】

　　读历史的人，要研究真实的记录，通晓古今的事情，就像亲眼看见一样。

kǒu ér sòng xīn ér wéi
口 而 诵, 心 而 维,

zhāo yú sī xī yú sī
朝 于 斯, 夕 于 斯。

【译文】

口里要念诵，心里要思考，早晨、晚上都要花工夫在这上面。

【解说】

◎维，思考。　◎斯，这，这里指学习。

xī zhòng ní shī xiàng tuó
昔 仲 尼, 师 项 橐,

gǔ shèng xián shàng qín xué
古 圣 贤, 尚 勤 学。

【译文】

过去孔子还拜项橐为老师，古代的圣人和贤人都崇尚勤奋学习。

【解说】

◎仲尼，孔子字仲尼。他是春秋时期的大思想家、教育家，被历代尊为圣人。据说他曾拜七岁的儿童项橐为老师。

zhào zhōng lìng dú lǔ lún
赵 中 令, 读 《鲁 论》,

bǐ jì shì xué qiě qín
彼 既 仕, 学 且 勤 。

【译文】

宋代中书令赵普，夜读《论语》，他做了那么大的官，学习还这么勤奋。

【解说】

◎赵中令，宋代赵普在宋太祖和宋太宗时官职都是中书令，他白天处理政事，晚上读《论语》，他说："治国平天下的道理，都在这部《论语》中。"《鲁论》，相传为鲁人所传的《论语》。汉代《论语》的传本分几家，因而有《鲁论》《齐论》的说法。

pī　pú　biān，　xuē　zhú　jiǎn，

披　蒲　编，　削　竹　简，

bǐ　wú　shū，　qiě　zhī　miǎn。

彼　无　书，　且　知　勉。

【译文】

路温舒读抄在蒲席上的书，公孙弘削竹片来抄书，他们没有现成的书，尚且知道努力学习。

【解说】

◎披，打开，这里指阅读。　◎蒲编，汉代的路温舒，因为家里穷，替人放羊，但他坚持学习，没有书，他就将蒲草编织起来，借书抄在上面。　◎削竹简，汉代公孙弘因为家里穷，就将竹子削去青皮，制成竹片，抄书学习。

tóu　xuán　liáng，　zhuī　cì　gǔ，

头　悬　梁，　锥　刺　股，

bǐ　bú　jiào，　zì　qín　kǔ。

彼　不　教，　自　勤　苦。

【译文】

孙敬将头发悬系在房梁上，苏秦用锥子刺大腿，他们不要别人教导，自己知道发愤苦读。

【解说】

◎头悬梁，汉代的孙敬读书常读到夜深，为了防止疲倦犯

困，他把自己的头发系在房梁上，一打盹，就扯疼头发醒来，接着苦读。 ◎锥刺股，战国时的苏秦，晚上读书时，一犯困，他就用锥子刺自己的大腿，醒后继续用功。

rú　náng　yíng　　rú　yìng　xuě
如　囊　萤，　如　映　雪，

jiā　suī　pín　xué　bú　chuò
家　虽　贫，　学　不　辍。

【译文】

　　像车胤用装在袋里的萤火虫照明，孙康借着雪的反光读书，他们家里虽然穷，但都坚持学习。

【解说】

　　◎囊萤，晋代的车胤，因为家里穷，晚上读书时点不起油灯，他就捉了许多萤火虫装在纱袋里，照明读书。 ◎映雪，晋代的孙康，也是因为家里贫穷，无油点灯，冬天他到院子里，借着雪的反光读书。 ◎辍，停止。

rú　fù　xīn　rú　guà　jiǎo
如　负　薪，　如　挂　角，

shēn　suī　láo　yóu　kǔ　zhuó
身　虽　劳，　犹　苦　卓。

【译文】

　　像朱买臣把书挂在柴担上，李密将书挂在牛角上，他们身体虽然劳苦，但仍然苦读，与别人不同。

【解说】

　　◎负薪，汉代的朱买臣，砍柴为生，每次挑柴回家的路上，他都把书挂在柴担上，边走边读。 ◎挂角，隋代的李密，勤

奋好学，替人放牛时，骑在牛背上读书，手里拿着一册，其余
的都挂在牛角上。

sū　lǎo　quán　　èr　shí　qī
苏　老　泉，　二　十　七，

shǐ　fā　fèn　　dú　shū　jí
始　发　愤，　读　书　籍。

【译文】

　　苏老泉到二十七岁才开始发愤读书。

【解说】

　　◎苏老泉，宋代苏洵号老泉，他是宋代文学家苏轼和苏辙
的父亲，自己也是著名的文学家。

bǐ　jì　lǎo　　yóu　huǐ　chí
彼　既　老，　犹　悔　迟，

ěr　xiǎo　shēng　　yí　zǎo　sī
尔　小　生，　宜　早　思。

【译文】

　　他到老了以后，还后悔读书迟了，你们小孩子，应
该早做打算。

ruò　liáng　hào　　bā　shí　èr
若　梁　灏，　八　十　二，

duì　dà　tíng　　kuí　duō　shì
对　大　廷，　魁　多　士。

【译文】

　　像梁灏，八十二岁时在朝廷上对策，成为众进士的
魁首。

【解说】

　　◎梁灏，宋代人，他生在后晋时，在后汉、后周时屡次参加科举考试，直到宋太宗时，才考中进士，并且是进士的第一名——状元。他有一首谢恩诗，其中写道："饶他白发巾中满，且喜青云足下生。观榜更无朋辈在，到家惟有子孙迎。"

　　bǐ　jì　chéng　zhòng chēng　yì
　　彼　既　成，　众　称　异，
　　ěr　xiǎo shēng　yí　lì　zhì
　　尔　小　生，　宜　立　志。

【译文】

　　他成功以后，大家都说是件稀奇事，你们小孩子，应该立下志向。

　　yíng　bā　suì　néng yǒng　shī
　　莹　八　岁，　能　咏　诗。

【译文】

　　祖莹八岁就能写诗。

【解说】

　　◎莹，祖莹，北齐时人，爱学习，八岁就会写诗作文章，当时的人称他"小圣童"。

　　mì　qī　suì　néng　fù　qí
　　泌　七　岁，　能　赋　棋。

【译文】

　　李泌七岁时，就能描述棋理。

【解说】

　　◎李泌是唐朝人，七岁时，唐玄宗召见他，当时玄宗正与别人下围棋，就让他说一说方圆动静的道理，并告诉他："方若棋局，圆若棋子，动若棋生，静若棋死。"他立即接着说："方若行义，圆若用智，动若骋材，静若得意。"玄宗听后，十分惊奇。

bǐ yǐng wù　rén chēng qí

彼　颖　悟，人　称　奇，

ěr yòu xué dāng xiào zhī

尔　幼　学，当　效　之。

【译文】

他们都十分聪明，人们都很惊奇，你们刚开始学习的小孩子，应该效法他们。

cài wén jī néng biàn qín

蔡　文　姬，能　辨　琴。

【译文】

蔡文姬能辨别琴的声音。

【解说】

◎蔡文姬，东汉末年人，她是一个才女。有一次，她父亲蔡伯喈（jiē）弹琴时，正好看见有只猫抓老鼠，他的琴声一变，蔡文姬立即听出了琴声中的杀气。

xiè dào yùn néng yǒng yín

谢　道　韫，能　咏　吟。

【译文】

谢道韫能够吟诗。

【解说】

◎谢道韫，晋代宰相谢安的侄女，十分聪明，喜欢读书。

有一次，天下大雪，谢安问儿子和侄子们："大雪纷纷何所似？"有一个侄子答道："撒盐空中差可拟。"道韫马上说："未若柳絮因风起。"结果很受谢安的称赏。

bǐ nǚ zǐ qiě cōng mǐn
彼 女 子， 且 聪 敏，

ěr nán zǐ dāng zì jǐng
尔 男 子， 当 自 警。

【译文】

她们是女孩子，而且这么聪明，你们作为男孩子，应当严格要求自己。

táng liú yàn fāng qī suì
唐 刘 晏， 方 七 岁，

jǔ shén tóng zuò zhèng zì
举 神 童， 作 正 字。

【译文】

唐代的刘晏，刚七岁就被选为神童，做了翰林院正字。

【解说】

◎刘晏，唐玄宗时被举为神童，担任了翰林院正字的职务。玄宗曾问他："你做了正字官，能正几个字？"他回答："五经四书里的字都能正，就一个'朋'字正不了。"他的话另一层意思是说当时有一些小人朋比为奸，风气不正。玄宗听后十分惊奇。

bǐ suī yòu shēn yǐ shì
彼 虽 幼， 身 已 仕，

ěr yòu xué miǎn ér zhì
尔 幼 学， 勉 而 致，

yǒu wéi zhě yì ruò shì
有 为 者， 亦 若 是。

【译文】

　　他虽然年龄很小，却已经做了官，你们这些刚开始学习的小孩子，应该努力做到这样，有作为的，也可以像他一样。

quǎn shǒu yè jī sī chén
犬 守 夜， 鸡 司 晨，

gǒu bù xué hé wéi rén
苟 不 学， 何 为 人？

【译文】

　　狗能够守夜，鸡能够报晓，如果不学习，还怎么有资格做人呢？

cán tǔ sī fēng niàng mì
蚕 吐 丝， 蜂 酿 蜜，

rén bù xué bù rú wù
人 不 学， 不 如 物。

【译文】

　　蚕能够吐丝，蜜蜂能够酿蜜，人要是不学习，还不如这些东西。

yòu ér xué zhuàng ér xíng
幼 而 学， 壮 而 行，

shàng zhì jūn xià zé mín
上 致 君， 下 泽 民。

【译文】

年龄小的时候学习，长大就要实行所学到的，对上为君主服务，对下造福人民。

yáng míng shēng xiǎn fù mǔ
扬 名 声， 显 父 母，

guāng yú qián yù yú hòu
光 于 前， 裕 于 后。

【译文】

传播自己的名声，使父母显贵，既使祖宗光荣，又对后世有利。

【解说】

◎光，增添光彩。　◎前，指前辈。　◎裕，利益。

rén yí zǐ jīn mǎn yíng
人 遗 子， 金 满 籯，

wǒ jiào zǐ wéi yī jīng
我 教 子， 惟 一 经。

【译文】

别人留给后代的是满箱子的黄金，我用来教育儿子的只有一本经书。

【解说】

◎籯，箱子。汉代的韦贤和他的儿子韦玄成都是因为精通经书而做了宰相，所以当时有一句话：遗子黄金满籯，不如教子一经。

qín　yǒu　gōng　　xì　wú　yì
勤　有　功，戏　无　益，

jiè　zhī　zāi　　yí　miǎn　lì
戒　之　哉，宜　勉　力。

【译文】

　　勤奋学习才有功效，贪图玩耍没有好处，千万记住这一点啊，更要努力。

百
家
姓

zhào qián sūn lǐ　zhōu wú zhèng wáng
赵　钱　孙　李，周　吴　郑　王。

féng chén chǔ wèi　jiǎng shěn hán yáng
冯　陈　褚　卫，蒋　沈　韩　杨。

zhū qín yóu xǔ　hé lǚ shī zhāng
朱　秦　尤　许，何　吕　施　张。

kǒng cáo yán huà　jīn wèi táo jiāng
孔　曹　严　华，金　魏　陶　姜。

qī xiè zōu yù　bǎi shuǐ dòu zhāng
戚　谢　邹　喻，柏　水　窦　章。

yún sū pān gě　xī fàn péng láng
云　苏　潘　葛，奚　范　彭　郎。

lǔ wéi chāng mǎ　miáo fèng huā fāng
鲁　韦　昌　马，苗　凤　花　方。

yú rèn yuán liǔ　fēng bào shǐ táng
俞　任　袁　柳，鄷　鲍　史　唐。

fèi lián cén xuē　léi hè ní tāng
费　廉　岑　薛，雷　贺　倪　汤。

téng yīn luó bì　hǎo wū ān cháng
滕　殷　罗　毕，郝　邬　安　常。

yuè yú shí fù　pí biàn qí kāng
乐　于　时　傅，皮　卞　齐　康。

wǔ yú yuán bǔ　gù mèng píng huáng
伍　余　元　卜，顾　孟　平　黄。

hé mù xiāo yǐn　yáo shào zhàn wāng
和　穆　萧　尹，姚　邵　湛　汪。

qí máo yǔ dí　mǐ bèi míng zāng
祁　毛　禹　狄，米　贝　明　臧。

jì fú chéng dài　tán sòng máo páng
计　伏　成　戴，谈　宋　茅　庞。

熊 纪 舒 屈，项 祝 董 梁。

杜 阮 蓝 闵，席 季 麻 强。

贾 路 娄 危，江 童 颜 郭。

梅 盛 林 刁，钟 徐 邱 骆。

高 夏 蔡 田，樊 胡 凌 霍。

虞 万 支 柯，昝 管 卢 莫。

经 房 裘 缪，干 解 应 宗。

丁 宣 贲 邓，郁 单 杭 洪。

包 诸 左 石，崔 吉 钮 龚。

程 嵇 邢 滑，裴 陆 荣 翁。

荀 羊 於 惠，甄 麴 家 封。

芮 羿 储 靳，汲 邴 糜 松。

井 段 富 巫，乌 焦 巴 弓。

牧 隗 山 谷，车 侯 宓 蓬。

全 郗 班 仰，秋 仲 伊 宫。

níng qiú luán bào　gān tǒu　lì róng
宁　仇　栾　暴，甘　钭　厉　戎。

zǔ wǔ fú liú　jǐng zhān shù lóng
祖　武　符　刘，景　詹　束　龙。

yè xìng sī sháo　gào lí jì bó
叶　幸　司　韶，郜　黎　蓟　薄。

yìn sù bái huái　pú tái cóng è
印　宿　白　怀，蒲　邰　从　鄂。

suǒ xián jí lài　zhuó lìn tú méng
索　咸　籍　赖，卓　蔺　屠　蒙。

chí qiáo yīn yù　xū nài cāng shuāng
池　乔　阴　郁，胥　能　苍　双。

wén shēn dǎng zhái　tán gòng láo páng
闻　莘　党　翟，谭　贡　劳　逄。

jī shēn fú dǔ　rǎn zǎi lì yōng
姬　申　扶　堵，冉　宰　郦　雍。

xì qú sāng guì　pú niú shòu tōng
郤　璩　桑　桂，濮　牛　寿　通。

biān hù yān jì　jiá pǔ shàng nóng
边　扈　燕　冀，郏　浦　尚　农。

wēn bié zhuāng yàn　chái qú yán chōng
温　别　庄　晏，柴　瞿　阎　充。

mù lián rú xí　huàn ài yú róng
慕　连　茹　习，宦　艾　鱼　容。

xiàng gǔ yì shèn　gē liào yǔ zhōng
向　古　易　慎，戈　廖　庾　终。

jì jū héng bù　dū gěng mǎn hóng
暨　居　衡　步，都　耿　满　弘。

kuāng guó wén kòu　guǎng lù quē dōng
匡　国　文　寇，广　禄　阙　东。

ōu	shū	wò	lì	yù	yuè	kuí	lóng
欧	殳	沃	利，	蔚	越	夔	隆。

shī	gǒng	shè	niè	cháo	gōu	áo	róng
师	巩	厍	聂，	晁	勾	敖	融。

lěng	zī	xīn	kàn	nuó	jiǎn	ráo	kōng
冷	訾	辛	阚，	那	简	饶	空。

zēng	wú	shā	niè	yǎng	jū	xū	fēng
曾	毋	沙	乜，	养	鞠	须	丰。

cháo	guān	kuǎi	xiàng	zhā	hòu	jīng	hóng
巢	关	蒯	相，	查	后	荆	红。

yóu	zhú	quán	lù	gě	yì	huán	gōng
游	竺	权	逯，	盖	益	桓	公。

mò	qí	sī	mǎ	shàng	guān	ōu	yáng
万	俟	司	马，	上	官	欧	阳。

xià	hóu	zhū	gě	wén	rén	dōng	fāng
夏	侯	诸	葛，	闻	人	东	方。

hè	lián	huáng	fǔ	yù	chí	gōng	yáng
赫	连	皇	甫，	尉	迟	公	羊。

tán	tái	gōng	yě	zōng	zhèng	pú	yáng
澹	台	公	冶，	宗	政	濮	阳。

chún	yú	chán	yú	tài	shū	shēn	tú
淳	于	单	于，	大	叔	申	屠。

gōng	sūn	zhòng	sūn	xuān	yuán	líng	hú
公	孙	仲	孙，	轩	辕	令	狐。

zhōng	lí	yǔ	wén	zhǎng	sūn	mù	róng
钟	离	宇	文，	长	孙	慕	容。

sī	tú	sī	kōng	bǎi	jiā	xìng	zhōng
司	徒	司	空，	百	家	姓	终。

zhào　qián　sūn　lǐ　　zhōu　wú　zhèng　wáng

赵　钱　孙　李，　周　吴　郑　王。

【解说】

　　【赵】郡望为天水郡。伯益的后代造父追随周穆王，因为有功劳被封在赵城，他的子孙就用赵为姓氏。宋代的皇帝姓赵。　　【钱】郡望为彭城郡。起源于篯（jiān）氏。彭祖姓篯名铿，后来他的子孙中的一支将"篯"的"𥫗"去掉，用钱作为姓氏。五代十国时吴越国王姓钱。　　【孙】郡望为乐安郡。起源于姬姓。卫武公儿子惠孙的孙子用祖父的字作为姓氏。战国时楚国也有孙氏，是芈（wěi）姓的后代，如楚国丞相孙叔敖。齐国的孙氏，是陈姓的后代，陈无宇的儿子子占因为有功，被赐姓孙，他的后代中有著名军事家孙武。三国时吴国皇帝姓孙。　　【李】郡望为陇西郡。源出于理氏。皋陶的子孙，世代做理官，他的后代就用官名作为姓氏。后来有个叫理利贞的为了逃避商纣王的迫害，隐居在李树下，从此改姓李，是道家创始人老子的祖先。汉代有"飞将军"李广，唐代的皇帝姓李。另外春秋时晋国有里克，卫国有礼至，他们都是理氏的后代，与李姓是同源。　　【周】郡望为汝南郡。出于姬姓。周平王小儿子姬烈的后代，将国号作为姓氏。三国时吴国有周瑜。　　【吴】郡望为延陵郡。源出姬姓。周武王封仲雍的曾孙在吴地，后来他的子孙就用国号作为姓氏。战国时有军事家吴起。　　【郑】郡望为荥阳郡。源出姬姓。周厉王的小儿子姬友封在郑，子孙用国号作姓氏。汉代有学者郑玄。　　【王】郡望为太原郡。源出姬姓。周灵王太子姬晋的后代。战国时秦国将领王翦的曾孙王元住琅琊郡，另一个曾孙王威住太原郡。另外战国齐国君主田氏的后代，国灭后为避难改姓王。魏国信陵君的子孙后来也改姓王。王姓有二十一支，以琅琊郡和太原郡两支最大。晋代有书法家王羲之，宋代有政治家王安石。

fēng chén chǔ wèi   jiǎng shěn hán yáng
冯 陈 褚 卫，蒋 沈 韩 杨。

【解说】

【冯】郡望为始平郡。出于姬姓。周文王的儿子毕公高的儿子，封地在邲，他的子孙将"邲"去掉"阝"，用冯作为姓氏。五代时的冯道，曾任后唐、后晋、契丹、后汉、后周五朝宰相。【陈】郡望为颍川郡。舜的后代胡公满封在陈，他的子孙用国号作姓氏。南北朝时的陈朝皇帝姓陈。【褚】郡望为河南郡。源出于子姓。春秋时宋国共公的儿子段，封地在褚，封号叫褚师，他的子孙将褚作为姓氏。唐代有书法家褚遂良。【卫】郡望为河东郡。源出于姬姓。周文王的儿子康叔封在卫，后代用国名作为姓氏。汉代有卫青，是著名将领。【蒋】郡望为乐安郡。出于姬姓。周公的儿子伯龄被封在蒋，他的子孙用国名作姓。汉代有高士蒋诩。【沈】郡望为吴兴郡。出于姬姓。周文王的儿子聃季封地在沈，后代用封地名作姓氏。南北朝时有文学家沈约。【韩】郡望为南阳郡。源于姬姓。周武王的后代武子在晋国做官，后来被封在韩地，他的后代就用韩作为姓氏。汉代有著名将领韩信。【杨】郡望为弘农郡。源于姬姓。周宣王的儿子尚父被封在杨，后来被晋国灭掉。晋武公的儿子伯侨封地在羊舌，到叔向的时候改封在杨，他的子孙用杨作姓氏。隋朝的皇帝姓杨。

zhū qín yóu xǔ　hé lǚ shī zhāng
朱 秦 尤 许， 何 吕 施 张。

【解说】

　　【朱】郡望为沛郡。是上古帝王颛顼（zhuān xū）的后裔。周武王封曹挟在邾，曹挟的后代将"邾"的"阝"去掉，用朱作姓氏。汉代有朱买臣，明代的皇帝姓朱。　【秦】郡望为天水郡。源于嬴姓，是伯益的后代。周孝王时有个叫嬴非子的因为管理马匹有功被封在秦，他的后代用国号作姓氏。　【尤】郡望为吴兴郡。从沈姓分出。五代时，王审知在福建自立为王，称闽王，当地姓沈的人为了避讳，将"氵"去掉，改姓尤。南宋有中兴四大诗人之一的尤袤。　【许】郡望为高阳郡。从姜姓分出来，是神农的后裔。周武王封文叔在许，主管祭祀泰山的事情，他的后代用国名作姓。汉代有文字学家许慎。　【何】郡望为庐江郡。从韩姓分出。韩国被秦国灭掉以后，韩王的子孙为了避难，就用与"韩"读音相近的"何"作为姓氏。汉代有学者何休。　【吕】郡望为河东郡。从姜姓分出。神农后代伯夷为尧的掌礼官，辅佐禹治水有功，被封在吕，世代主管祭祀太岳，他的子孙用国名作姓氏。周朝有吕尚（也就是平常所说的姜太公）。　【施】郡望为吴兴郡。从姬姓分出来。春秋时鲁惠公儿子姬尾（字施父）的后代，施父的五世孙施伯用高祖的字作为姓氏。　【张】郡望为清河郡。黄帝第五个儿子青阳的儿子挥，观察天上的弧星受到启发，发明了弓箭，被任命为弓正，主管祭祀弧星，于是就有了张姓。汉代有著名大臣张良。

kǒng cáo yán huà　　jīn wèi táo jiāng
孔 曹 严 华，金 魏 陶 姜。

【解说】

【孔】郡望为鲁郡。从子姓分出。周武王封商朝贵族微子在宋，后代有个名叫嘉的字孔父，孔父的孙子就把祖父的字作为姓。孔姓有大思想家、教育家孔子。　【曹】郡望为谯郡。颛顼五世孙陆终的第五个儿子安被禹赐姓曹。曹姓还有一支是从姬姓分出，周文王的儿子曹叔的封国在曹，后代用国名作姓。汉代有著名大臣曹参，三国时魏国皇帝姓曹。　【严】郡望为天水郡。春秋时楚庄王的孙辈的一个旁支将楚庄王的谥号作为姓氏，后来为避汉明帝刘庄的名讳，改姓严。如汉代隐士严光本来就姓庄。　【华】郡望为武陵郡。从子姓中分出。春秋宋戴公的孙子督的封地在华，子孙用封地名作姓。汉代有名医华佗。【金】郡望为彭城郡。传说中上古时东夷族首领少昊金天氏的后裔。汉朝军队攻灭了小国休屠国，把休屠国王子日䃅（mì dī）带回朝廷，后来日䃅被赐姓金。　【魏】郡望为钜鹿郡。周代毕公高的后裔中有个叫毕万的，是晋国的大夫，封地在魏，后世将魏作姓。唐代有魏徵，是著名政治家。　【陶】郡望为济阳郡。起源于上古帝王尧。尧曾被封在陶，他后代中的一支就用陶作姓。晋代有大诗人陶潜。　【姜】郡望为天水郡。起源于传说中的上古帝王神农氏。神农生在姜水，就用姜作姓。黄帝时，神农氏子孙世代主管祭祀太岳的事。周武王时，封吕望即吕尚于齐地，因为他主管太岳之事又赐他姓姜。

qī　xiè　zōu　yù，　bǎi　shuǐ　dòu　zhāng
戚　谢　邹　喻，　柏　水　窦　章。

【解说】

【戚】郡望为东海郡。卫国的大夫孙林父的封地在戚，他儿子的一支就用封地名作姓。明代有名将戚继光。　【谢】郡望为陈留郡。周宣王的舅舅申伯被封在谢，他后代的一支就用封地名作姓氏。晋代有诗人谢灵运。　【邹】郡望为范阳郡。周代时曹挟被封在邾，战国时改国号为邹，他后代的一支用国号作姓氏。战国时齐国有邹忌。　【喻】郡望为江夏郡。本是郑国的公族，汉代苍梧太守谕猛，改姓喻氏。　【柏】郡望为魏郡。起源于柏皇氏。上古时有个叫柏招的是炎帝的大臣，又有个叫柏同的，是帝喾的大臣，封国在柏。后世用国名作姓。汉代有柏英，官任大鸿胪。　【水】郡望为吴兴郡。从姒（sì）姓分出。明代时鄞县有个官员叫水甦民，祖先是禹的庶孙（孙子的旁支），因为禹治水，就用"水"作姓氏。另外还有复姓水丘的。　【窦】郡望为扶风郡。从姒姓分出。夏朝帝相有仍氏，因为被寒浞攻杀，从窦这个地方逃出，后来生了少康，少康的二儿子龙留住在有仍氏中，就用窦作姓氏。汉代有窦婴。　【章】郡望为河间郡。从姜姓分出。齐国姜太公子孙的一个庶子，被封在鄣，他的子孙去掉"阝"，用章作为姓氏。

yún　sū　pān　gě，　xī　fàn　péng　láng
云　苏　潘　葛，　奚　范　彭　郎。

【解说】

【云】郡望为琅琊郡。起源于云阳氏。　【苏】郡望为武功郡。颛顼的后代陆终的儿子樊，被封在昆吾，世代都是夏朝的伯，其子孙有一支被封在苏，后代以苏为姓。宋代有文学家苏轼。　【潘】郡望为荥阳郡。周代毕公高的一个儿子封地在潘，后代用封地名作为姓氏。　【葛】郡望为顿丘郡。从嬴姓分出。颛顼的后裔中有被封在葛的，后世用国号作姓氏。晋代有葛洪。　【奚】郡望为谯郡。黄帝的儿子禺阳被封在任，后代中有个叫仲的担任夏朝的车正，封地在奚，所以他又被称作奚仲，他子孙的一支用封地名作姓氏。汉代有功臣奚涓。　【范】郡望为高平郡。尧的后代刘累的后裔杜隰（xí），在晋国做官，他的儿子后来被封在范，子孙就用国号作姓氏。宋代有著名大臣范仲淹。　【彭】郡望为陇西郡。起源于篯氏。颛顼后裔陆终的第三个儿子篯铿，被封在彭。篯铿就是通常所说的彭祖，据说他活了八百多岁，子孙世代都是诸侯。汉代有梁王彭越。　【郎】郡望为中山郡。春秋时鲁懿（yì）公的孙子费伯住在郎邑，他的子孙就把邑名作为姓氏。唐代有郎士元。

lǔ　wéi　chāng　mǎ　　miáo　fèng　huā　fāng
鲁 韦 昌 马， 苗 凤 花 方。

【解说】

　　【鲁】郡望为扶风郡。从姬姓分出。周公的长子伯禽被封在鲁为鲁公，他的庶子就用国号作姓氏。战国有鲁仲连。　【韦】郡望为京兆郡。起源于豕韦氏。豕韦氏世代是夏朝和商朝的侯伯，子孙用国名作姓。汉代韦贤、韦玄成，父子俩都是丞相。　【昌】郡望为汝南郡。起源于有熊氏。黄帝生昌意，昌意生颛顼，颛顼儿子的一个旁支，就用祖父的字作为姓氏。汉代有昌豨（xī）。　【马】郡望为扶风郡。从赵姓分出。战国时赵王的儿子赵奢被封为马服君，他的子孙就用"马"作姓氏。汉代有伏波将军马援。 【苗】郡望为东阳郡。楚国的丞相斗椒的儿子贲皇在晋国做官，封地在苗，子孙用封地名作姓氏。唐代有苗晋卿，肃宗时担任宰相。 【凤】郡望为邰（tái）阳郡。起源于蒙氏。南诏国王阁罗凤的后裔。阁罗凤是唐代时南诏国君，姓蒙。阁罗凤的庶子用父亲名字中的"凤"字作为姓氏。现在的云南、贵州境内还有很多人姓凤。 【花】郡望为东平郡。从华姓中分出。古代没有"花"字，一般写作华，后来专用"花"表示花草的花，所以华姓中也有改姓花的。唐代有花敬定，是平定蜀地的大将。【方】郡望为河南郡。起源于上古的方雷氏，明代有大臣方孝孺。

yú　rèn　yuán　liǔ　　fēng　bào　shǐ　táng
俞　任　袁　柳，　酆　鲍　史　唐。

【解说】

　　【俞】郡望为河间郡。黄帝的大臣中有个叫俞跗（fū）的，曾给《素问》（相传是黄帝所作）做注解。周代有俞伯牙。 【任】郡望为东安郡。黄帝的儿子禺阳封在任，子孙用国名作姓氏。南北朝时有文学家任昉。 【袁】郡望为汝南郡。从妫姓分出。陈国大夫庄伯辕的孙子涛涂用祖父的字作为姓氏，后代又将"辕"的"车"去掉成为袁，或者写成"爰"，实际是同一个来源。汉末有袁绍、袁术，割据一方。 【柳】郡望为河东郡。起源于展姓。鲁公夷伯的曾孙展获，字禽，封地在柳下，他的后代就用柳作姓。唐代有文学家柳宗元。 【酆】郡望为京兆郡。起源于姬姓。周文王的小儿子被封在酆，后代用封地名作姓氏。　【鲍】郡望为上党郡。从姒姓中分出。禹的后代敬叔在齐国做官，封地在鲍。南北朝有诗人鲍照。　【史】郡望为京兆郡。起源于史皇氏。仓颉的后代史佚是周朝的太史。　【唐】郡望为晋昌郡。起源于陶唐氏。舜封尧的儿子丹朱在唐，他的子孙用国名作姓氏。汉初商山四皓中的东园公，一说名叫唐秉。明代有画家唐寅。

　　fèi　lián　cén　xuē　　léi　hè　ní　tāng
费　廉　岑　薛，雷　贺　倪　汤。

【解说】

　　【费】郡望为江夏郡。起源于嬴姓。伯益治水有功，被封在大费，他的后代昌在商朝做官，就用封地名作姓。三国时蜀国有大臣费祎。　【廉】郡望为河东郡。起源于嬴姓。颛顼曾孙大廉（伯益的大儿子）的部分后代，以祖字为姓。战国时赵有名将廉颇。　【岑】郡望为南阳郡。从姬姓分出。周武王封叔耀的儿子渠在岑，渠的后世就用国名作姓氏。汉代有岑彭，被封为武阳侯。　【薛】郡望为河东郡。起源于任姓，黄帝的后代奚仲被封在薛，他的子孙在夏、商、周三朝世代都被封侯，后世就用国号作姓氏。唐代有将领薛仁贵。　【雷】郡望为冯翊郡。黄帝的儿子雷公的后代。南北朝时有学者雷次宗。　【贺】郡望为广平郡。从庆姓分出。齐国公子庆父的后代。汉代侍中庆纯为了避汉安帝父亲清河王刘庆的名讳，改姓贺。唐代有诗人贺知章。　【倪】郡望为千乘郡。周朝有个附庸小国黎郳，后代去掉“阝”成为“兒”，后来又加“亻”。汉代有大臣倪宽。　【汤】郡望为中山郡。起源于子姓。宋国公子荡意诸，后代去掉

"廿"，用"汤"作为姓氏。明代有戏曲家汤显祖。

téng yīn luó bì　hǎo wū ān cháng

滕 殷 罗 毕，郝 邬 安 常。

【解说】

　　【滕】郡望为南阳郡。起源于姬姓。周武王封弟弟叔绣在滕，后代用国号作姓氏。汉代有滕婴。　【殷】郡望为汝南郡。起源于子姓。商朝在盘庚时迁移到殷，后代就有用国号作姓氏的。晋代有殷浩，是著名大臣。　【罗】郡望为豫章郡，起源于传说中上古帝王祝融氏。春秋时有罗国，子孙用国号作姓氏。元末明初有小说家罗贯中。　【毕】郡望为河南郡。起源于姬姓，周文王的儿子毕公高的后代，把封国名作为姓氏。宋代有发明活字印刷术的毕昇。　【郝】郡望为太原郡。起源于太昊氏。太昊的弟弟郝省被封在郝。汉代有郝贤。　【邬】郡望为太原郡。晋大夫邬藏的后代。孔子的弟子中有邬单。　【安】郡望为武陵郡。起源于上古有熊氏。昌意的儿子安住在西部地区，就是安息国。后魏的时候昌意的后代入朝，被赐姓安。五代时有安重荣。　【常】郡望为平原郡。黄帝时的丞相常先的后代。晋代有常璩，明代有常遇春。

yuè yú shí fù　pí biàn qí kāng

乐 于 时 傅，皮 卞 齐 康。

【解说】

　　【乐】郡望为南阳郡。从子姓分出。春秋时宋戴公的儿子衍字乐父，他的后代就把他的字作为姓氏。战国时燕国有名将乐毅。另外还有复姓乐正、乐羊的。　【于】郡望为河内郡。从姬姓分出。周武王的一个儿子封在邘，他的后代去掉"阝"，将于作为姓氏。汉代有于定国，是汉宣帝的丞相。【时】郡望为陇西郡。春秋时宋国大夫公子来，封地在时。子孙以时为姓氏。汉代有时苗。【傅】郡望为清河郡。商朝有傅说（yuè），是商王武丁的丞相，也是傅姓的始祖。【皮】郡望为天水郡。周朝大臣樊仲皮的后代，把先祖的字作为姓氏。唐代有诗人皮日休。【卞】郡望为济阳郡。周朝曹叔振铎的后代，有一支被封于卞，就以封地作姓氏。春秋时鲁国有卞庄子，是卞邑大夫。【齐】郡望为汝南郡。从姜姓分出。姜太公（吕尚）封在齐，后代用国号作姓氏。唐代齐映、齐抗这对同族兄弟同时担任宰相。【康】郡望为京兆郡。卫康叔的后代，用先祖的谥号作姓氏。

wǔ　yú　yuán　bǔ　　　gù　mèng　píng　huáng
伍　余　元　卜，顾　孟　平　黄。

【解说】

　　【伍】郡望为安定郡。起源于芈（mǐ）姓。如春秋时楚国的伍子胥。【余】郡望为下邳郡。春秋时秦穆公攻伐西部边疆的小国，俘虏了由余，带回秦国让他做了上卿，由余的后代用由余的字作姓氏。宋代有大臣余靖。【元】郡望为河南郡。春秋时卫国的大夫元咺的后代。另外，北魏在孝文帝时实行改革，将原来的鲜卑姓拓跋改成汉姓元。唐代有诗人元稹。【卜】郡望为西河郡。周代时有太卜官，主管占卜的事情，他们的后代用官名作为姓氏。如孔子的弟子卜商。【顾】郡望为武陵郡。夏代有顾国，后世用作姓氏。晋代有画家顾恺之。【孟】郡望为平陆郡。从姬姓中分出。鲁桓公的儿子庆父，后代世代是卿相，被称作孟孙氏。战国有思想家孟子。【平】郡望为河内郡。韩哀侯的小儿子婼（chuò）封地在平，他的后代就把封地名作了姓氏。汉代有丞相平当。　【黄】郡望为江夏郡。颛顼的曾孙陆终的后代被封在黄，子孙就用国名作了姓氏。汉代有孝子黄香。

hé　mù　xiāo　yǐn　　yáo　shào　zhàn　wāng
和　穆　萧　尹，姚　邵　湛　汪。

【解说】

　　【和】郡望为汝南郡。尧的大臣和仲的后代，用官名作为姓氏。五代有词人和凝。　【穆】郡望为河南郡。是从子姓分出来的。春秋时宋穆公孙辈的一个旁支，把祖父的谥号作为姓氏。汉代有学者穆生。　【萧】郡望为兰陵郡。从子姓分出。微子孙子中的一个旁支被封在萧，子孙用国名作姓氏。汉代有丞相萧何。南朝齐朝的皇帝姓萧。　【尹】郡望为天水郡。少昊氏的后裔尹寿是尧的老师。尹姓从尹寿开始。老子有个弟子叫尹喜。【姚】郡望为吴兴郡。起源于有虞氏。舜是在姚墟出生的，所以用姚作为姓氏。　【邵】郡望为博陵郡。从姬姓分出。召康公姬奭被封在燕，采邑于召，被称作召公，其后代就用作姓氏，后世子孙又加"阝"成为邵，实际上两个姓是一个来源。【湛】郡望为豫章郡。起源于姒姓。夏朝同姓诸侯斟灌的后代子孙，将斟灌两个字去掉"斗"和"蒦"后合成一个字"湛"，用作姓氏。汉代有湛重。【汪】郡望为平阳郡。汪茫氏的后代。另外，鲁桓公的庶子满封地在汪，他的子孙因此姓汪。宋代有诗人汪元量。

qí máo yǔ dí　mǐ bèi míng zāng
祁 毛 禹 狄，米 贝 明 臧。

【解说】

　　【祁】郡望为太原郡。尧的大臣祁的后代。晋代有祁弥明。　【毛】郡望为西河郡。来源于姬姓。周文王儿子毛伯的后代，世代都是周朝的卿士，后来就用作姓氏。汉代有经学家毛苌。　【禹】郡望为陇西郡。起源于妘（yún）姓。古代云梦这个地方，战国时有个楚国的附庸小国叫鄅，鄅国的后代将"阝"去掉，作为姓氏。　【狄】郡望为天水郡。起源于姬姓。周康王封弟弟孝伯在狄城，后代用地名作姓氏。唐代有著名大臣狄仁杰。　【米】郡望为京兆郡。起源于西部地区小国米国。宋代有书法家米芾。　【贝】郡望为清河郡。从姬姓分出。召康公儿子中的一个旁支，封地在钜野地区的浿水，后来发展成郥国，子孙去掉"阝"，作为姓氏。汉代有大臣贝谖。　【明】郡望为吴兴郡。起源于谯明氏。谯明氏的后代明由做过燧人氏的相国。唐代有明崇俨。　【臧】郡望为东海郡。从姬姓中分出。春秋时鲁孝公的儿子彄（kōu）被封在臧。子孙以臧作姓氏。

jì fú chéng dài　tán sòng máo páng
计 伏 成 戴，谈 宋 茅 庞。

【解说】

　　【计】郡望为京兆郡。从姒姓分出。春秋战国时越国贵族有计倪、计然。　【伏】郡望为太原郡。起源于风姓。伏羲的子孙，用名号作姓氏。汉代有经学家伏胜。　【成】郡望为上谷郡。起源于姬姓。周文王儿子郕叔武的后代，将"阝"去掉，以成作姓氏。战国时齐国有成㸑。　【戴】郡望为谯郡。从子姓分出。

春秋时宋戴公孙子中的一个旁支，用祖父的谥号作姓氏。汉代有学者戴圣。　【谈】郡望为广平郡。从籍姓分出。周朝大夫籍谈的后代在秦朝末年一段时期为避楚霸王项籍（就是项羽）的名讳，有些改姓谈。　【宋】郡望为京兆郡。从子姓分出来。周武王封微子启在宋，后代就用国号作姓氏。战国时楚国有文学家宋玉。　【茅】郡望为东海郡。起源于姬姓，周公的一个儿子封地在茅，子孙就用国号作姓氏。秦朝时有茅焦。　【庞】郡望为始平郡。起源于高阳氏。高阳才的儿子庞降的后代。战国时魏国有庞涓。

xióng jǐ shū qū xiàng zhù dǒng liáng
熊　纪　舒　屈，项　祝　董　梁。

【解说】

　【熊】郡望为江陵郡。起源于高阳氏。颛顼的曾孙陆终的第六个儿子季连姓芈，他的儿子被封在熊，后代用作姓氏。汉代有熊乔。　【纪】郡望为平阳郡。起源于姜姓四岳的后代，封国在纪，子孙用国号作姓氏。　【舒】郡望为京兆郡。颛顼的后代被封在舒，后代用国号作姓氏。　【屈】郡望为临淮郡。起源于芈姓。楚武王的儿子瑕封在屈，后代用作姓氏。战国有屈原。　【项】郡望为辽西郡。起源于芈姓，楚公子燕被封在项城，用项作姓。还有一支出于姬姓，项国被齐国灭亡后，有些人就用国名作姓。秦朝末年有项羽。　【祝】郡望为太原郡。起源于有熊氏。周武王封黄帝的后代在祝，后代用国名作姓氏。明代有书法家祝枝山，即祝允明。　【董】郡望为陇西郡。起源于有熊氏。黄帝的曾孙董父的后代。汉代有儒家代表人物董仲舒。【梁】郡望为安定郡。颛顼的后代被封在梁，后代就用国号作姓氏。另外还有复姓梁丘。

dù　ruǎn　lán　mǐn　　xí　jì　má　qiáng
杜　阮　蓝　闵，　席　季　麻　强。

【解说】

　　【杜】郡望为京兆郡。尧的后代被封在唐，周朝灭亡它以后，让国中的贵族集中住在唐、杜两地之间，住在杜地的就姓杜。汉代有杜延年。【阮】郡望为陈留郡。商代时有个阮国，它的后代就用国号作姓氏。晋代有阮籍。【蓝】郡望为汝南郡。起源于芈姓。楚公子亹被封在蓝，后代就用封地名作姓氏。【闵】郡望为陇西郡。从姬姓中分出。鲁国贵族闵马父被封在闵乡，后来用作姓氏。春秋时有闵子骞，是孔子的学生。【席】郡望为安定郡。从籍姓分出。周朝大夫籍谈的后代为避项籍的名讳，有的改姓席，有的改姓谈。【季】郡望为渤海郡。起源于姬姓。春秋时鲁桓公的儿子季友的后代。汉代有英国公季布。【麻】郡望为上谷郡。从熊姓分出来。楚国贵族熊婴逃到齐国后，改姓麻。隋代有武将麻叔谋。【强】郡望为天水郡。从姜姓分出。齐国大夫公孙疆的后代。疆与强相近，后代以强为姓氏。战国时郑国有大夫强钼。

jiǎ　lù　lóu　wēi　jiāng　tóng　yán　guō
贾　路　娄　危，　江　童　颜　郭。

【解说】

　　【贾】郡望为武威郡。起源于姬姓。唐叔虞的小儿子封在贾，后代就用作姓氏。汉代有贾谊。【路】郡望为内黄郡。

起源于高辛氏。因为封地在路，后代用作姓氏。汉代有路博德。　【娄】郡望为谯郡。从姒姓分出，杞东楼公的后代，去掉"木"用娄作姓。唐代有娄师德。　【危】郡望为汝南郡。起源于三危氏。唐代有危仔昌，后被赐姓元。　【江】郡望为济阳郡。起源于嬴姓。封国在长江和汉水之间，后代用封国名作姓氏。汉代有江革。　【童】郡望为雁门郡。起源于胥氏。晋国大夫胥童的后代用他的字作姓氏。汉代有童恢。　【颜】郡望为鲁郡。起源于姬姓。鲁公伯禽小儿子子颜的后代，用字作姓氏。春秋时有颜渊，是孔子的学生。　【郭】郡望为太原郡。起源于姬姓。周武王封王季的二儿子虢仲在东虢，又封虢叔在西虢，叫作二虢。后来虢叔的国号改叫郭，他的儿子中的一支用国号作姓。五代时后周皇帝姓郭。

méi shèng lín diāo zhōng xú qiū luò
梅　盛　林　刁，钟　徐　邱　骆。

【解说】

【梅】郡望为汝南郡。起源于子姓。商王太丁封弟弟在梅，于是称为梅伯，他的后代用国号作姓氏。宋代有诗人梅尧臣。　【盛】郡望为汝南郡。起源于姬姓。召公奭的孙子被封在盛，是燕国的附庸，子孙姓奭。汉代时，为避汉元帝刘奭的名讳，改姓盛。　【林】郡望为西河郡。起源于子姓。商朝比干的儿子坚为了躲避纣王的迫害，隐居在长林山，后来就用林作为姓氏。鲁国有林放，是孔子的弟子。　【刁】郡望为弘农郡。起源于姬姓。周文王时有个小国雕国，也姓姬，后来改成姓刁。春秋时晋国有刁协。　【钟】郡望为颍川郡。起源于芈姓。春秋时楚国贵族钟建被封在钟吾，他的后代就是钟吾氏，有的姓钟。

三国时魏国有书法家钟繇。【徐】郡望为东海郡。起源于嬴姓。伯益的孙子调被封在徐，他的子孙在夏、商、周三朝都是诸侯，后来就用封国名作姓氏。明代有画家徐渭。【邱】郡望为河南郡。从姜姓分出。姜太公被封在营丘，子孙的一支用地名作姓氏，就是丘氏。另外还有复姓闾丘、梁丘。丘姓后来因为避孔子的名讳，改成邱。【骆】郡望为内黄郡。从嬴姓分出。大骆的大儿子成世住在大丘，国号叫大骆，周厉王时被西部少数民族灭亡，后代就用国号作姓。

gāo　xià　cài　tián　　fán　hú　líng　huò
高　夏　蔡　田，樊　胡　凌　霍。

【解说】

【高】郡望为渤海郡。起源于姜姓。齐文公的儿子子高，他的后代用他的字作为姓氏。南北朝时北齐皇帝姓高。【夏】郡望为会稽郡。从姒姓分出。夏后氏的子孙用国名作姓氏。春秋时陈国公子叫夏徵舒。【蔡】郡望为济阳郡。从姬姓分出。周文王的儿子叔度封在蔡，后代就用国名作姓氏。汉代有丞相蔡义。【田】郡望为雁门郡。从陈姓分出。陈桓公的儿子完在齐国做官，姓陈，到陈恒时改姓田，后来田姓逐渐取代了姜姓，得到齐国的政权。【樊】郡望为上党郡。起源于仲氏。仲山甫被封樊侯，后代用封国名作姓氏。汉代有樊哙。【胡】郡望为安定郡。起源于妫姓。陈国胡公满子孙的一支用胡公满的谥号作姓。汉代有胡广。【凌】郡望为河间郡。从姬姓分出。卫公子在周朝担任凌人这种官职，子孙就用官名作姓氏。三国时吴国有凌统。【霍】郡望为太原郡。从姬姓分出。周文王的儿子霍叔的后代用封国名作姓氏。汉代有霍去病，是著名将领。

yú wàn zhī kē zǎn guǎn lú mò
虞 万 支 柯， 昝 管 卢 莫。

【解说】

【虞】郡望为陈留郡。起源于妫姓。舜的后代被封在虞，于是用国号作姓氏。还有一支是起源于姬姓，周太伯的弟弟虞仲雍的后代。汉代有虞翊。 【万】郡望为扶风郡。毕万的后代。战国时有万章是孟子的学生。 【支】郡望为邰阳郡。汉宣帝时，郅支国单于的王子到长安为侍卫，后代留在都城，就姓支。晋代有僧人支遁。 【柯】郡望为济阳郡。起源于姬姓。吴王柯卢的后代。 【昝】郡望为太原郡。起源于咎氏。商朝丞相咎单的后代，后来加了一画变成昝。 【管】郡望为晋昌郡。从姬姓分出。周文王第三个儿子管叔鲜的后代。春秋时齐国有管仲。 【卢】郡望为范阳郡。起源于姜姓。齐文公的儿子高的孙子，封地在卢，于是就用作姓氏。汉代有卢绾。 【莫】郡望为钜鹿郡。起源于高阳氏。高阳氏的后代封在鄚（mò），子孙去掉"阝"，用莫作姓。

jīng fáng qiú miào gān xiè yīng zōng
经 房 裘 缪， 干 解 应 宗。

【解说】

【经】郡望为荥阳郡。从京氏中分出。郑国公子京叔段的后代。汉代时，京房的子孙为了躲避仇人，改姓经。 【房】郡望为清河郡。起源于陶唐氏。舜封丹朱在房陵，国号唐。又封其余的儿子在房竹，其后代就用房作姓氏。唐代有宰相房玄龄。 【裘】郡望为渤海郡。卫国大夫因为封地在裘，用作姓氏。汉代有裘仲友。 【缪】郡望为兰陵郡。起源于嬴氏。秦缪公的后代用他的谥号作姓氏。汉代有缪彤。 【干】郡望为颍川郡。起源于子姓。春秋时宋国大夫干犨（chōu）的后代。晋代有干宝，写过《搜神记》。 【解】郡望为平阳郡。周朝宗族叔虞的儿子良，封地在解，于是作为姓氏。明代有大学士解缙。 【应】郡望为汝南郡。起源于姬姓。周武王的第四个儿子封在应，后代用作姓氏。汉代有学者应劭。 【宗】郡望为京兆郡。周朝大夫宗伯的后代，把官职作为姓氏。

dīng xuān bēn dèng　yù shàn háng hóng
丁 宣 贲 邓，郁 单 杭 洪。

【解说】

【丁】郡望为济阳郡。起源于姜姓。姜太公的儿子丁公的后代把丁公的谥号作为姓氏。汉代有丁固。 【宣】郡望为始平郡。从姬姓分出。鲁国大夫宣伯的后代把谥号作为姓氏。汉代有宣秉。 【贲】郡望为宣城郡。起源于苗氏。晋国大夫苗贲皇的后代把祖上的字作为姓氏。 【邓】郡望为南阳郡。商王武丁封叔曼季在邓，后代就用封国名作为姓氏。汉代有邓禹。 【郁】郡望为黎阳郡。春秋时鲁国宰相郁黄的后代。 【单】郡望为南安郡。从姬姓分出。周成王封小儿子臻在单，作为王畿内的诸侯，号单伯。后代以单为姓氏。 【杭】郡望为余杭郡。起源于姒姓。禹治水成功后，剩下的航船，就派一个儿子去管理，于是封其国叫余航，后代去掉"舟"加上"木"成为杭，以杭为姓氏。 【洪】郡望为豫章郡。据说是共工的后代，为了躲避仇人改成洪。还有一种说法是，卫大夫弘演的后代，到唐代为避高宗儿子李弘的名讳改成洪氏。

bāo　zhū　zuǒ　shí　　cuī　jí　niǔ　gōng
包　诸　左　石，崔　吉　钮　龚。

【解说】

【包】郡望为上党郡。春秋时楚国大夫申包胥的后代，把申包胥的字作为姓氏。宋代有著名大臣包拯。 【诸】郡望为琅琊郡。起源于姒姓。越国的后裔有闽粤王无诸，其后代把祖上的字作为姓氏。 【左】郡望为济阳郡。起源于熊氏。鬻熊的后代倚相担任楚威王的左史官，他的后代因此姓左。晋代有文学家左思。 【石】郡望为武威郡。起源于姬姓。卫国大夫石碏的后代。 【崔】郡望为博陵郡。从姜姓分出。齐公的儿子住在崔，就用崔作姓氏。 【吉】郡望为冯翊郡。周朝尹吉甫的后代用祖上的字作姓氏。 【钮】郡望为吴兴郡。世系不详。 【龚】郡望为武陵郡。起源于共工氏。共工是黄帝的大臣，管水，后来他的儿子句龙继承了他的职位，他们的后代就把"共""龙"合起来作为姓氏。

chéng　jī　xíng　huá　　péi　lù　róng　wēng
程　嵇　邢　滑，裴　陆　荣　翁。

【解说】

【程】郡望为安定郡。起源于高阳氏。颛顼的孙子重黎在尧时担任南正司火的官职，世代被封为程伯，就以程为姓。宋代有理学家程颐、程颢。 【嵇】郡望为谯郡。夏朝时，少康封儿子在会稽，于是就有了稽姓，汉代初年，迁徙到谯郡，改成嵇氏。晋代有嵇康。 【邢】郡望为河间郡。起源于姬姓。周公的第四个儿子被封在邢，子孙用国名作姓氏。 【滑】郡望为下邳郡。起源于姬姓。滑国的后裔。汉代有滑兴。 【裴】郡望为河东郡。起源于嬴姓。伯益的后裔蜚廉的子孙被封在蜚邑，后来改为裴陵，于是以裴为姓氏。南北朝时有学者裴松之。【陆】郡望为河南郡。齐宣王封小儿子季逵在平陆，即远古陆终氏之墟。后代以陆作姓氏。汉代有陆贾。【荣】郡望为上谷郡。周文王的大臣荣公的后代。春秋时有荣旂，是孔子的弟子。【翁】郡望为钱塘郡。周昭王的庶子封地在翁山，他的后代用封地名作姓氏。汉代有富商翁伯。

xún　yáng　yū　huì　zhēn　qū　jiā　fēng

荀　羊　於　惠，　甄　麹　家　封。

【解说】

　　【荀】郡望为河内郡。起源于姬姓。周文王的儿子郇伯的后代，后改成荀。战国时有思想家荀况。【羊】郡望为京兆郡。从祁氏分出。晋国大夫祁盈的后代封在羊舌，子孙用羊作为姓氏。晋代有羊祜。【於】郡望为京兆郡。起源于有熊氏。黄帝的孙子封在商於，后代就是於氏。【惠】郡望为扶风郡。起源于姬姓。周惠王的后代。周朝有大夫惠施。【甄】郡望为中山郡。起源于庭坚氏。皋陶的小儿子仲甄在夏朝做官，被封在甄，他的后代用他的字作为姓氏。汉代有甄邯。【麹】郡望为汝南郡。周朝有麹氏这个官职，后代用官名作姓氏。汉代有麹义。【家】郡望为京兆郡。从姬姓分出。周孝王的儿子家父的后代。宋代有家铉翁。【封】郡望为渤海郡。起源于姜姓。炎帝的后代封钜是黄帝的大臣，后代就用封为姓。汉代有封芨。

芮 羿 储 靳，汲 邴 糜 松。
ruì yì chǔ jìn jí bǐng mí sōng

【解说】

　　【芮】郡望为平原郡。周朝司徒芮伯的后代。　【羿】郡望为齐郡。上古有穷氏后羿的后裔。　【储】郡望为河东郡。齐国储子的后裔。　【靳】郡望为西河郡。起源于芈姓。楚国贵族大夫靳尚的后代。　【汲】郡望为清河郡。起源于姬姓。卫宣公的太子汲的后裔。汉代有汲黯。　【邴】郡望为平阳郡，晋国大夫被封在邴，后代用作姓氏。汉代有邴原。【糜】郡望为汝南郡。夏朝时的诸侯有糜氏的后代。　【松】郡望为东莞郡。秦始皇曾在松树下避雨，并封松树为五大夫，后人就有用松作姓氏的。

井 段 富 巫，乌 焦 巴 弓。
jǐng duàn fù wū wū jiāo bā gōng

【解说】

　　【井】郡望为扶风郡。虞国大夫井伯的后代，用井伯的字作为姓氏。　【段】郡望为京兆郡。从李姓分出。老子的孙子李宗在晋国做官，封地在段干，他的后代就是段干氏，战国时魏国有隐士段干木，子孙一部分姓段，一部分姓干。　【富】郡望为齐郡。起源于姬姓。周朝大夫有富父。宋代有宰相富弼。【巫】郡望为平阳郡。起源于高辛氏，高辛的一个儿子被封在巫，称为巫人，其后代就用巫作姓。商朝巫咸、巫贤父子俩都是宰相。　【乌】郡望为颍川郡。起源于金天氏。少昊氏用鸟名来命名官职，其中的乌鸟氏，掌管高山丘陵，他们的后代就是乌姓。周朝有乌获。　【焦】郡望为中山郡。起源于神农氏。周武王封神农的后裔在焦，后代就用封国名作姓氏。【巴】郡望为高平郡。起源于姬姓。楚国有附庸国巴国，后代以国名作姓氏。　【弓】郡望为太原郡。春秋时鲁国大夫叔弓的后代，用叔弓的字作姓氏。

mù　wěi　shān　gǔ　　chē　hóu　fú　péng
牧　隗　山　谷，车　侯　宓　蓬。

【解说】

　　【牧】郡望为弘农郡。黄帝之相力牧的后代，用祖字作为姓氏。　【隗】郡望为余杭郡。起源于夏后氏。商朝封桀的后代在隗国，于是有隗姓。汉代有隗嚣。　【山】郡望为河南郡。起源于列山氏。周朝的山师掌管山林，后代用官名作姓氏。晋代有山涛。　【谷】郡望为上谷郡。起源于夹谷氏。齐国公子尾孙，封地在夹谷，后代就用谷作姓。　【车】郡望为京兆郡。起源于子车氏。秦国贵族子车仲行的后代。另外汉代丞相田千秋总是乘车上朝，人称车丞相，他的后代就用车作为姓氏。　【侯】郡望为上谷郡。起源于史皇氏。仓帝史皇姓侯，名冈，字颉，也就是发明文字的仓颉，他的后代用侯作姓。　【宓】郡望为平昌郡。起源于太昊氏。伏羲古字写成宓犠，宓与伏读音相同。孔子的弟子中有个叫宓子贱。　【蓬】郡望为长乐郡。周朝王室的一支被封在蓬州，子孙就用作姓氏。汉代有蓬球。

quán　xī　bān　yǎng　　qiū　zhòng　yī　gōng
全　郗　班　仰，秋　仲　伊　宫。

【解说】

　　【全】郡望为京兆郡。起源于泉氏。周朝官职中有泉府，掌管钱，后来改成全氏。　【郗】郡望为山阳郡。从己姓中分出。

少昊的后裔被封在郕，子孙于是姓郕。【班】郡望为扶风郡。源出于斗氏。楚国贵族斗谷於菟（wū tú）的后代。斗谷於菟小时候被遗弃到野地里，有个老虎喂他奶吃，楚国把老虎叫作於菟，把喂奶叫谷，所以叫他谷於菟，他字子文，文指老虎的斑纹，所以后来他姓斑，又姓班。汉代有史学家班固。【仰】郡望为汝南郡。从嬴姓分出。秦惠文王的儿子公子卬的后代，卬是仰的古写法。唐代有仰仁诠。【秋】郡望为天水郡。来源于姬姓。鲁国大夫仲孙湫的一个孙子在陈国做官，他把祖父的字去掉"氵"，用秋作姓氏。【仲】郡望为中山郡。从任姓分出。商王汤的左相仲虺的后代。孔子的弟子有仲由（字子路）。【伊】郡望为陈留郡。起源于陶唐氏。尧生在伊水，所以姓伊祁氏，他的儿子的一个旁支姓伊。商朝有伊尹。【宫】郡望为太原郡。从姬姓分出。鲁国孟僖子的儿子韬，封地在南宫，他也就是通常所说的孔子的弟子南宫适，后来他的子孙就姓宫。

　　nìng　qiú　luán　bào　　gān　tǒu　lì　róng
　　宁　仇　栾　暴，　甘　钭　厉　戎。

【解说】

　　【宁】郡望为齐郡。从姬姓分出来。卫武公的儿子季亹（wěi），封地在宁，于是子孙用作姓氏。【仇】郡望为平阳郡。起源于九吾氏。夏朝的诸侯九吾氏，在商朝时有九国，商纣王杀了九国之君，他们的后代为避祸改为仇氏。【栾】郡望为西河郡。来源于姬姓。晋国的靖侯孙宾被封在栾，子孙用地名作姓氏。汉代有栾布。【暴】郡望为魏郡。源出姬姓。周朝贵族有暴公，他的后代就姓暴。【甘】郡望为渤海郡。有两个来源：

夏朝甘国的后裔；周惠王弟弟叔带被封在甘，后代用作姓氏。
战国时有甘罗。 【钭】郡望为辽西郡。来源于姜姓。田和夺取
齐国政权后，就把康公放逐到海岛上，康公在岛上住山洞，吃
野菜，用钭作锅，后来他儿子在本姓以外又姓钭。 【厉】郡望
为南阳郡。起源于姜姓。齐厉公的后代。 【戎】郡望为江陵郡。
周朝时有戎国姓姜，后来就姓戎。唐代有戎昱。

zǔ　wǔ　fú　liú　　jǐng　zhān　shù　lóng
祖　武　符　刘，景　詹　束　龙。

【解说】

　　【祖】郡望为范阳郡。从任姓分出。奚仲的后代也有姓祖
的。商朝有宰相祖己、祖伊。 【武】郡望为太原郡。起源于
姬姓。周平王的小儿子手上有纹，像个"武"字，于是就赐他
姓武。唐代有武则天。 【符】郡望为琅琊郡。来源于姬姓。
鲁顷公的孙子在秦国做掌管印符的官，他的子孙就用官名作
姓。 【刘】郡望为彭城郡。起源于陶唐氏。尧以后有刘累，在
周朝时是唐杜氏，后代杜隰在晋朝任士师，又成了士氏，士
氏的后代，重新姓刘。另外，周定王母亲的弟弟刘康公的后
代，也姓刘。汉朝皇帝姓刘。 【景】郡望为晋阳郡。源出于
芈姓。楚国贵族姓斗、芀、昭、屈、庄、景的，都是芈姓的后
裔。 【詹】郡望为河间郡。起源于姬氏。周宣王的一个儿子封
地在詹，于是有詹姓。 【束】郡望为南阳郡。源出田氏。齐国
的疏族，自称疏氏，汉代有疏广，疏广的后代又发展成束氏。
晋代有学者束皙。 【龙】郡望为武陵郡。黄帝的后代董父，喜
好养龙，担任豢龙氏，后代就用他的官名作姓氏。项羽有部将
叫龙且。

yè   xìng   sī   sháo   gào   lí   jì   bó
叶 幸 司 韶, 郜 黎 蓟 薄。

【解说】

　　【叶】郡望为南阳郡。起源于沈氏。楚国的沈诸梁被封在叶，叫叶公，他的子孙用封地作姓氏。　【幸】郡望为雁门郡。有一族因为祖先受君主的宠幸，所以用幸作姓。晋代有幸灵。　【司】郡望为顿丘郡。郑国司臣的后代。宋代有司超。　【韶】郡望为太原郡。起源于有虞氏，是舜的乐官，后来发展成姓氏。　【郜】郡望为京兆郡。从姬姓分出。周文王的儿子被封在郜，后代就用国名作姓氏。　【黎】郡望为京兆郡。起源于高阳氏。颛顼的孙子北正黎的后代被封在黎阳，子孙用国名作姓氏。另外有复姓黎丘的。　【蓟】郡望为内黄郡。源出于有熊氏。周朝封黄帝的后代在蓟，子孙用封地名作姓氏。　【薄】郡望为雁门郡。起源于古薄姑氏。

yìn   sù   bái   huái   pú   tái   cóng   è
印 宿 白 怀, 蒲 邰 从 鄂。

【解说】

　　【印】郡望为冯翊郡。从姬姓中分出。郑穆公儿子印段的后代。　【宿】郡望为东平郡。来源于风姓。宿国的后代，是把国名作为姓氏。　【白】郡望为南阳郡。起源于嬴姓。秦文公儿子嬴白的后代。另外，楚平王的孙子胜被封为白公，他的后代中也有姓白的。唐代有诗人白居易。　【怀】郡望为河内郡。无怀氏的后裔；此外，姬姓也分出有怀姓的，唐叔虞最初的封地是在怀，后来才封在晋，所以他的后代中也有姓怀的。　【蒲】郡望为河东郡。起源于有虞氏。夏朝将舜的后代封在州蒲，后人以地名为姓氏。【邰】郡望为平卢郡。尧封后稷在邰，有部分后裔用邰作姓。【从】郡望为东莞郡。起源于姬姓。周平王封小儿子精英为枞侯，后来成了枞姓，汉代枞公的子孙改枞姓为从姓。【鄂】郡望为武昌郡。从姬姓分出。晋国侯光居住在鄂，被称作鄂侯，他的子孙就用鄂作姓氏。

suǒ xián jí lài zhuó lìn tú méng
索 咸 籍 赖，卓 蔺 屠 蒙。

【解说】

　　【索】郡望为武威郡。从子姓分出。商朝的贵族之一索氏，世代都住在鲁地。【咸】郡望为汝南郡。源出于高阳氏。高辛的大臣咸丘黑的后代后来姓咸。【籍】郡望为广平郡。源出于伯氏。伯氏是晋国大夫，世代掌管图籍，子孙就用官名作姓。【赖】郡望为颍川郡。周朝时有赖国，后代用国名为姓氏。汉代有赖宣。【卓】郡望为西河郡。从芈姓分出。楚威王的儿子公子卓的后代。汉代有卓文君。【蔺】郡望为中山郡。晋国韩厥的一个孙子被封在蔺，后代用地名作姓氏。战国时赵国有蔺相如。【屠】郡望为陈留郡。从子姓分出。商朝时有邺国，后裔去掉"阝"，用屠为姓。【蒙】郡望为安定郡。起源于东蒙氏。汉代有名将蒙恬。

chí qiáo yīn yù xū nài cāng shuāng
池 乔 阴 鬱，胥 能 苍 双。

【解说】

　　【池】郡望为西河郡。从嬴姓中分出。秦国司马公的儿子嬴池的后代。【乔】郡望为梁郡。源出于有熊氏。黄帝死后葬在桥山，子孙中为他守陵的就用桥为姓，后来改成乔姓。　【阴】郡望为始兴郡。起源于陶唐氏。尧的后裔建立了阴国，后代用国名为姓氏。汉代有阴子方。　【鬱】郡望为太原郡。起源于鬱林氏。楚国讨伐鬱林，把当地的人都迁到了楚国都城郢，这些人就是鬱氏。　【胥】郡望为琅琊郡。从华胥氏中分出。　【能】郡望为太原郡。起源于熊姓。熊渠的儿子挚被封在夒，他的儿子中的旁支在本姓之外又姓能。　【苍】郡望为武陵郡。起源于仓帝史皇氏，也就是仓颉的后裔。　【双】郡望为天水郡。颛顼的后裔，被封在双蒙城，于是就用地名作姓氏。

wén　shēn　dǎng　zhái　　tán　gòng　láo　páng

闻　莘　党　翟，谭　贡　劳　逄。

【解说】

　　【闻】郡望为吴兴郡。起源于闻人氏，后来改成闻姓。　【莘】郡望为天水郡。起源于高辛氏。夏启封帝挚的后裔于有莘，后代就把封国名作为姓氏。　【党】郡望为冯翊郡。夏后氏的后代中的一支世代居住在党项，于是就姓党。宋代有党进。　【翟】郡望为南阳郡。黄帝的后裔居住在翟，子孙把地名作姓氏。　【谭】郡望为齐郡。起源于嬴姓。黄帝之孙颛顼的后代在周朝时被封在谭，其后代用谭作姓氏。　【贡】郡望为广平郡。从端木氏分出。孔子弟子子贡的后代，因为避乱，改用祖上的字作姓氏。汉代有贡禹。　【劳】郡望为武阳郡。本是东海劳山一带的人，汉代时才与中原有联系，被赐姓劳。　【逄】郡望为谯郡。从姜姓发源。炎帝的孙子逄伯陵被封在齐，就是逄国，后被周武王灭掉，武王又将姜太公分封在这里，逄伯的后代就用祖先封国的国名作姓。

jī shēn fú dǔ rǎn zǎi lì yōng

姬 申 扶 堵，冉 宰 郦 雍。

【解说】

　　【姬】郡望为南阳郡。起源于有熊氏。黄帝的先辈姓公孙，生在姬水，所以又姓姬，高辛做了帝王后，就赐长子后稷姓姬，后稷是周朝的始祖。　　【申】郡望为琅琊郡。起源于姜姓。太岳的后代，因分封在申，用国名作姓氏。　　【扶】郡望为京兆郡。起源于巫氏。汉代有个叫巫嘉的，善于祈祷祭祀。汉高祖认为他能感召神，扶翊汉室，所以赐姓扶。　　【堵】郡望为河东郡。源出姬姓。郑国大夫堵叔师的后代。楚国堵敖的后代，也有一部分姓堵。　　【冉】郡望为武陵郡。源出姬姓。周文王的小儿子郹季载，被封在郹，后代去掉"阝"，用冉为姓氏。　　【宰】郡望为西河郡。起源于姬姓。周朝大夫宰孔担任太宰，其后代把官名作为姓氏。　　【郦】郡望为新蔡郡。源出姜姓。用古国名作姓氏。汉代有郦食其。　　【雍】郡望为京兆郡。源于姞（jí）姓。雍纠在郑国做官，被封在雍，后代以地名作姓氏。

xì qú sāng guì pú niú shòu tōng

郤 璩 桑 桂，濮 牛 寿 通。

【解说】

　　【郤】郡望为济阴郡。源出姬氏。晋国大夫郤献子，本来分封在郤，他的后代于是用封地名作姓氏。　　【璩】郡望为豫章郡。也就是蘧氏。可能是用器物名作姓氏。　　【桑】郡望为黎阳郡。起源于嬴姓。秦国大夫公孙枝，字子桑，他的后代用他的字为姓氏。　　【桂】郡望为天水郡。起源于炅（jiǒng）氏。汉代城阳炅横的四个儿子到外地躲避灾祸，其中一个儿子到了幽州，改姓桂。　【濮】郡望为鲁郡。起源于陆终氏。陆终的后代有一部分住在濮，后来就用濮作姓。　【牛】郡望为陇西郡。宋国微子的后代有任司寇一职的牛文，其后代用字作姓氏。唐代有牛僧孺。　【寿】郡望为京兆郡。从姬姓分出。吴王寿梦的后代。　【通】郡望为西河郡。从姬姓分出。巴国的后裔，因为住在通江，所以用地名作姓氏。另外还有辙姓，因为避汉武帝刘彻的名讳，也改姓通。

biān　hù　yān　jì　　jiá　pǔ　shàng　nóng

边　扈　燕　冀，　郏　浦　尚　农。

【解说】

　　【边】郡望为陇西郡。起源于子姓。商朝边国的后裔。周朝有大夫边伯。　【扈】郡望为京兆郡。发源于有扈氏。夏朝时有扈国的后裔，用国号作姓氏。　【燕】郡望为范阳郡。起源于姬姓。召公被封在燕，他儿子的旁支用国名作姓。　【冀】郡望为渤海郡。晋国郤芮的儿子缺被封在冀，儿子的旁支用地名作姓氏。　【郏】郡望为武陵郡。起源于姬姓。周文王在郏鄏建立都城，他儿子的旁支用地名作姓氏。　【浦】郡望为京兆郡。晋国大夫浦跞的后代。　【尚】郡望为上党郡。起源于姜姓。周朝太师尚父的后代。有时尚姓与向姓混淆，如秦朝的尚平有时也称作向平。　【农】郡望为雁门郡。起源于神农氏。

wēn　bié　zhuāng yàn　　chái　qú　yán chōng

温　别　庄　晏，　柴　瞿　阎　充。

【解说】

　　【温】郡望为平原郡。起源于姬姓，周朝有诸侯受封于温，后世有用封国名作姓氏的。【别】郡望为京兆郡。世系不详。古代诸侯卿大夫的嫡长子被称作宗子，有继承权，宗子的次子叫小宗，小宗的次子叫别子，别子不能姓祖父和父亲的姓，要另外分出成为单独的一族，用祖父和父亲的官爵、字号等作为姓氏。这就是别氏的来源。【庄】郡望为天水郡。起源于芈姓。楚庄子的后裔，用谥号作姓氏。战国时有道家代表人物庄子。【晏】郡望为齐郡。起源于陆终氏。陆终儿子晏安的后裔。高、国、鲍、晏四个姓，都世代任齐国的卿相。春秋时齐国有晏婴。【柴】郡望为平阳郡。起源于姜姓。齐国的贵族。孔子的弟子中有柴高。【瞿】郡望为松阳郡。从子姓分出。商朝大夫瞿父的后代。【阎】郡望为太原郡。起源于姬姓。周太伯的曾孙仲奕被封在阎乡，后代就用地名作姓氏。【充】郡望为太原郡。起源于姜姓。齐国大夫充闾的后代。

mù lián rú xí　huàn ài yú róng
慕 连 茹 习，宦 艾 鱼 容。

【解说】

【慕】郡望为敦煌郡。起源于慕容氏。晋代鲜卑贵族慕容家族有慕舆根，后来成慕姓。【连】郡望为上党郡。起源于姜姓。齐国贵族连称的后代。【茹】郡望为河内郡。来源于如氏。战国时魏国有如姬，汉代有如淳，后来加"艹"成为茹。南北朝时有茹法珍。【习】郡望为东阳郡。起源于西梁氏。巴蜀一带的人。另外，汉代息夫躬的后人也改姓习。晋代有习凿齿。【宦】郡望为东阳郡。世系不详。【艾】郡望为天水郡。源出于夏后氏。少康的大臣女艾的后代；战国时齐国的艾子，封地在艾山，后代也姓艾。　【鱼】郡望为雁门郡。起源于子姓。宋国司马子鱼的后代用子鱼的字作姓氏。唐代有鱼朝恩。　【容】郡望为敦煌郡。起源于大容氏。黄帝时有大臣名叫容援，发明乐钟。

xiàng gǔ yì shèn gē liào yǔ zhōng
向 古 易 慎， 戈 廖 庾 终。

【解说】

　　【向】郡望为河南郡。起源于子姓。宋桓公的后代，封地在向，于是用作姓氏。还有从姜姓小国分出的向姓，是把国名作为姓氏。　【古】郡望为新安郡。古皇氏的后代。　【易】郡望为太原郡。起源于雍氏。齐国有雍巫，字牙，封地在易，所以被叫作易牙。其后代以易为姓氏。　【慎】郡望为天水郡。起源于芈姓。白公胜的后代被封在慎，于是子孙用地名作姓氏。宋代慎德秀因为避宋孝宗赵昚的名讳，改为真德秀。　【戈】郡望为临海郡。起源于古寒国。寒浞杀夏后相后，封儿子豷在戈，后来成为戈姓。　【廖】郡望为汝南郡。起源于有熊氏。黄帝的孙子飂叔安的后裔。飂是廖的古字。　【庾】郡望为济阳郡。周朝有管理仓、库、庾、廪的官员，都是世代任职，后来就有仓姓、库姓、庾姓和廪姓。南北朝时有文学家庾信。　【终】郡望为南阳郡。起源于陆终氏。陆终氏的孙子中的旁支用终作姓。汉代有终军。

jì jū héng bù dū gěng mǎn hóng
暨 居 衡 步， 都 耿 满 弘。

【解说】

　　【暨】郡望为渤海郡。越国大夫诸暨郢的后代。汉代有暨艳。 【居】郡望为渤海郡。晋国贵族大夫先且居的后代，把他的字作为姓氏。 【衡】郡望为雁门郡。起源伊氏。伊尹是商朝的阿衡，他的后代用他的官名作姓氏。 【步】郡望为平阳郡。来源于郤氏。晋国大夫郤步扬的后代。三国时有步骘。 【都】郡望为黎阳郡。从公都氏分出。齐国贵族大夫公都子的后代。另外，郑国公子阏，字子都，他的后代也姓都。 【耿】郡望为高阳郡。来源于姬姓。周朝时有耿国，晋国赵氏将耿国灭亡后，耿国的后代就用国名作姓氏。 【满】郡望为河东郡。湖北一带有土著瞒人，后来改成满姓。此外，王孙满的后代也姓满。汉代有满宠。 【弘】郡望为太原郡。卫国贵族弘演的后代。汉代有弘恭。

kuāng guó　wén kòu　guǎng lù　quē dōng

匡 国 文 寇， 广 禄 阙 东。

【解说】

　　【匡】郡望为晋阳郡。从子姓分出。宋国大夫被封在匡，后来就用作姓氏。汉代有匡衡。 【国】郡望为下邳郡。起源于姬姓。郑国公子子国的后代。战国时有国侨，就是郑国的著名大臣子产。另外，齐国也有国姓。 【文】郡望为雁门郡。起源于姜姓。许文叔的后代分出文姓。春秋时越国有大夫文种。在宋朝初年，因为避讳"敬"字，就将敬姓改成文姓，如文彦博、文天祥本来都姓敬。 【寇】郡望为上谷郡。起源于己姓。昆吾的后代，封地在苏，后来苏公忿生做了周朝的司寇，他儿子中的旁支就用官职作为姓氏。 【广】郡望为丹阳郡。广成子的后裔。 【禄】郡望为扶风郡。起源于子姓。商纣王的儿子武庚字禄父，他的后代就用他的字作为姓氏。 【阙】郡望为下邳郡。起源于阙里氏。鲁国有阙党邑，被分封在这个地方的人，就用邑名作姓氏。 【东】郡望为平原郡。源出于东户氏。上古时期有个东不訾，是舜的朋友。

ōu　shū　wò　lì，　yù　yuè　kuí　lóng
欧 殳 沃 利，蔚 越 夔 隆。

【解说】

　　【欧】郡望为平阳郡。起源于欧冶氏。欧冶、欧阳都是复姓，后来分出欧姓。 【殳】郡望为武功郡。起源于有虞氏。舜的大臣殳斨（qiāng）的后代。 【沃】郡望为太原郡。起源于子姓。商王沃丁的后代。 【利】郡望为河南郡。起源于理姓。理利贞的后代用他的字作为姓氏。 【蔚】郡望为琅琊郡。起源于姬姓。郑国公子翩的封地在蔚，后代用地名作姓。 【越】郡望为晋阳郡。起源于姒姓。夏少康的小儿子季余的后代，封国在越，后代用国名作姓氏。 【夔】郡望为京兆郡。起源于有熊氏。楚国熊挚的后代，封地在夔，子孙用国名作姓。 【隆】郡望为南阳郡。世系不详。

shī　gǒng　shè　niè，　cháo　gōu　áo　róng
师 巩 厍 聂，晁 勾 敖 融。

【解说】

　　【师】郡望为太原郡。起源于姬姓。周朝师尹的后代。另外晋国贵族大夫师服的后代也姓师。 【巩】郡望为山阳郡。起源于姬姓。周朝贵族大夫巩伯的后代。 【厍】郡望为括苍郡。起源于库狄氏，南北朝时北周有库狄部长，后来单姓厍。古代，库和库相通。【聂】郡望为河东郡。起源于姜姓。齐国丁公封自己的儿子在聂城，为齐国的附庸国，后代就用国号作姓氏。战国时有聂政。【晁】郡望为京兆郡。起源于姬姓。晁的古写法是鼌，也就是朝暮的"朝"，周景王的儿子朝的后代，就是晁氏。汉代有晁错。【勾】郡望为平阳郡。起源于勾芒氏。金天的后代勾芒主管春天时的祭祀活动，他的后代就是勾芒氏，后来单姓勾，又曾改成句姓、钩姓、约姓和芶姓，后来就不区别了。【敖】郡望为谯郡。颛顼的老师大敖的后代。另外还有起源于芈姓的，凡是被废除和杀害的楚国国君就被称作敖，如若敖、堵敖，他们的后代也姓敖。【融】郡望为南康郡。祝融氏的后代。

lěng   zī   xīn   kàn   nuó   jiǎn   ráo   kōng

冷 訾 辛 阚，那 简 饶 空。

【解说】

　　【冷】郡望为京兆郡。黄帝的大臣伶伦氏的后代改姓冷。周朝时有冷州鸠。【訾】郡望为渤海郡。起源于訾陬氏。帝喾妃家的后代。【辛】郡望为陇西郡。起源于姒姓。夏朝有大夫辛甲。【阚】郡望为天水郡。起源于姞姓。南燕伯的后裔封地在阚，后代用地名作姓氏。另外齐国大臣阚止的后代也姓阚。【那】郡望为天水郡。起源于子姓。权国的后代。楚国灭了权国之后，把权国的贵族迁到那处邑，后来就用那作姓氏。【简】郡望为范阳郡。起源于狐氏。晋国大夫续简伯狐鞠居的后代，把谥号作姓氏。汉代有简雍。【饶】郡望为平阳郡。起源于妫姓。商均的后代封在饶，后代用封地名作姓氏。【空】郡望为孔丘郡。起源于古空侯氏，是把国号作姓。

zēng　wú　shā　niè　yǎng　jū　xū　fēng
曾　毋　沙　乜，养　鞠　须　丰。

【解说】

　　【曾】郡望为鲁郡。起源于姒姓。夏少康的小儿子成烈被封在鄫，宋国灭了鄫以后，鄫国后代去掉"阝"，用曾作为姓。孔子的弟子有曾参。　【毋】郡望为钜鹿郡。从田姓分出。齐宣王将弟弟封在毋丘，赐姓胡毋，后来分成三个姓，一是胡毋，一是毋丘，一个是毋。　【沙】郡望为汝南郡。起源于沙随氏。沙随氏是古诸侯国贵族，后来国家灭亡，他们改姓公沙，汉代公沙穆的子孙将"公"去掉改姓沙。　【乜】郡望为晋昌郡。起源于宇文部。后周时赐少数民族首领费乜头姓乜。　【养】郡望为山阳郡。起源于姬姓。邓国大夫养甥的后代。　【鞠】郡望为汝南郡。起源于姬姓。燕国贵族鞠武的后代。　【须】郡望为渤海郡。起源于燕国的附庸密须氏。战国时有须贾。　【丰】郡望为松阳郡。起源于姬姓。周文王的儿子封地在酆，后代去掉"阝"，用豐（丰的繁体）作姓。

cháo　guān　kuǎi　xiàng　zhā　hòu　jīng　hóng
巢　关　蒯　相，查　后　荆　红。

【解说】

　　【巢】郡望为彭城郡。起源于有巢氏。巢国被楚国所灭，其后代是把国号作为姓氏。　【关】郡望为陇西郡。起源于龙氏。夏朝的龙逢被封在关，后代以关为姓氏。三国时有关羽。　【蒯】郡望为襄阳郡。起源于姬姓。卫庄公蒯聩的后代，用他的字作姓氏。汉代有蒯通。另外古代蒯国的后代也姓蒯。　【相】郡望为西河郡。源出于子姓。夏朝君王相所在的国都是相里，商朝河

亶甲也建都城在相，此后，家族居住于此，成为相里氏。【查】
郡望为齐郡。起源于姜姓。齐顷公的儿子封地在楂（查字的古
写法），后代用封地名作姓氏。　【后】郡望为东海郡。起源于
太史氏。齐国太史敫的女儿是齐襄王的王后，太史敫一族被赐
姓后。齐国有后胜。　【荆】郡望为广陵郡。源出于芈姓。楚国
的后代用国号作姓氏，后来因为避秦庄襄王（名叫子楚）的名
讳，改姓荆。战国时有荆轲。　【红】郡望为平昌郡。起源于有
熊氏。楚贵族熊挚红被封为鄂王，他儿子的一个旁支用他的字
作为姓氏。

yóu　zhú　quán　lù　　gě　yì　huán　gōng
游　竺　权　逯，　盖　益　桓　公。

【解说】

　　【游】郡望为广平郡。起源于姬姓。郑穆公儿子游吉的后代。
另外，晋桓庄公的后代也姓游。　【竺】郡望为东海郡。起源于天
竺（现在的印度）。天竺人到中国来后，被称作竺氏。汉代有竺
晏。　【权】郡望为天水郡。颛顼的后代，被封在权，后来被楚武
王灭掉，权国子孙用国号作姓氏。另外楚国若敖的孙子斗缗做权
地的长官，他的后代用地名作姓。唐代有宰相权德舆。　【逯】郡
望为广平郡。起源于嬴姓。秦国贵族被封在逯，于是用作姓氏。
汉代有逯石。【盖】郡望为汝南郡。齐国盖邑大夫的后代。【益】
郡望为冯翊郡。起源于庭坚氏。皋陶的儿子伯益的后代，用他的
字作姓氏。　【桓】郡望为谯郡。起源于子姓。宋桓公的后代，用
谥号作姓氏。晋朝有桓温。　【公】郡望为括阳郡。古代的公族，
有的把身份作姓氏，如公西、公子、公孙、公叔之类的复姓，后
来单用公作姓氏，但世系源流已不清楚。

mò　qí　sī　mǎ　shàng guān　ōu　yáng

万 俟 司 马，上 官 欧 阳。

【解说】

　　【万俟】郡望为兰陵郡。起源于拓跋氏。北魏献文帝哥哥的后代，被赐姓万俟。　　【司马】郡望为河内郡。周朝程伯休的父亲任司马，后代用官名作姓氏。汉代有司马迁。　　【上官】郡望为天水郡。起源于芈姓。楚国贵族上官子兰的后代。唐代有上官仪。　　【欧阳】郡望为渤海郡。源出于姒姓。越王无疆的孙子，被封在欧佘山的阳面（南面），后来演变成欧阳氏。宋代有欧阳修。

xià　hóu　zhū　gě　　wén　rén　dōng fāng

夏 侯 诸 葛，闻 人 东 方。

【解说】

　　【夏侯】郡望为谯郡。源出于姒姓。楚灭了杞国以后，杞国的后裔逃到鲁国，因为杞国国君杞侯是夏后氏的后代，所以用夏侯作姓氏。传说曹操之父曹嵩本来就姓夏侯，因为过继给舅舅曹腾，改姓曹。　　【诸葛】郡望为琅琊郡。起源于夏、商时葛国。汉代葛丰，居住在琅琊，自称诸葛氏，以便与其他姓葛的区别开。三国时有诸葛亮。　　【闻人】郡望为河南郡。左丘明是古代的闻人（有名的人），后代便以闻人为姓氏。　　【东方】郡望为济南郡。起源于太昊氏。他的后裔羲仲，世代掌管东方祭祀事务，后代就用东方作姓氏。汉代有东方朔。

hè　lián huáng fǔ　　yù　chí　gōng yáng
赫 连 皇 甫， 尉 迟 公 羊。

【解说】

　　【赫连】郡望为渤海郡。匈奴族人的姓氏。南匈奴右贤王刘豹子的后代有刘勃勃，他自称夏帝，又自创姓氏叫赫连氏，意思是：王者的光辉显赫，与天相连。　【皇甫】郡望为京兆郡。宋戴公的儿子叫充若，字皇父，他的子孙用他的字作姓氏（父与甫通用）。另外，周朝的卿士皇父的后代也姓皇甫。汉代有皇甫嵩。　【尉迟】郡望为太原郡。北魏孝文帝赐少数民族部落尉迟部的后代姓尉迟。另外北周功臣万俟兜也被赐姓尉迟。唐代有尉迟恭。　【公羊】郡望为顿丘郡。起源于姬姓。鲁国公孙羊孺的后代，用公羊作姓。汉代有学者公羊高。

tán　tái　gōng yě　zōng zhèng pú　yáng
澹 台 公 冶， 宗 政 濮 阳。

【解说】

　　【澹台】郡望为太原郡。孔子的弟子灭明，住在澹台，用澹台作姓氏。　【公冶】郡望为鲁郡。起源于姬姓。鲁国大夫季公冶的后代，用字作为姓氏。孔子有个弟子叫公冶长。　【宗政】郡望为彭城郡。源出于刘氏。汉代刘德是楚元王的后代，担任宗正的职务，他的子孙就用这个官名作姓氏。后来改成宗政。　【濮阳】郡望为博陵郡。起源于姬姓。一些郑国贵族，居住在濮水之阳（就是水的北岸），后来就用濮阳作姓。三国时吴国有濮阳兴。

chún yú chán yú tài shū shēn tú
淳 于 单 于， 大 叔 申 屠。

【解说】

　　【淳于】郡望为河内郡。源出于姜姓。古代州国贵族州公在国家灭亡以后，隐居在淳于，被称为淳于公，后来就用淳于作姓氏。战国时齐国有淳于髡。　【单于】郡望为千乘郡。源出于东部少数民族。单于是匈奴最高首领的称号。匈奴左贤王去卑单于投降汉朝后，就用单于作姓。　【大叔】郡望为东平郡。起源于姬姓。大叔就是太叔。郑穆公的孙子太叔仪的后代就姓大叔。　【申屠】郡望为京兆郡。起源于姜姓。四岳的后代，封地在申，夏朝时申侯将弟弟分封在屠原，以申屠作为姓氏。汉代有申屠嘉。

gōng sūn zhòng sūn xuān yuán líng hú
公 孙 仲 孙， 轩 辕 令 狐。

【解说】

　　【公孙】郡望为高阳郡。春秋时期，诸侯的儿子是公子，公子的儿子是公孙，公孙的儿子中没有封地和爵位名号的都用公孙作为姓氏。汉代有公孙渊。　【仲孙】郡望为高阳郡。起源于姬姓。鲁桓公的儿子庆父的后代。庆父被称为孟孙氏，又叫仲孙氏。　【轩辕】郡望为邰阳郡。起源于有熊氏。黄帝的子孙，有一支用轩辕作姓氏。唐代有轩辕弥明。　【令狐】郡望为太原郡。起源于姬姓。周文王的儿子毕公高的后裔毕万在晋国做官，毕万的曾孙颗，封地在令狐，颗的儿子颉就用令狐为姓氏。唐代有令狐楚。

zhōng　lí　yǔ　wén　zhǎng sūn　mù　róng
钟 离 宇 文， 长 孙 慕 容。

【解说】

　　【钟离】郡望为会稽郡。起源于伯氏。楚国大夫伯宛封地在钟离，后代用地名作姓。汉代有钟离意。【宇文】郡望为赵郡。鲜卑族的姓。鲜卑族的单于葛乌菟在河里得到三块玉玺，鲜卑人把天叫作宇，宇文就是指天赐给带文的玉印。北周皇帝就是姓宇文。【长孙】郡望为济阳郡。起源于拓跋氏。北魏太武帝赐什翼犍的长兄沙漠雄之子嵩姓长孙氏。唐代有宰相长孙无忌。【慕容】郡望为敦煌郡。鲜卑族的姓。涉归单于自称慕容氏，他的儿子慕容廆自称燕王，建立了前燕。

sī　tú　sī　kōng　bǎi　jiā　xìng zhōng
司 徒 司 空， 百 家 姓 终。

【解说】

　　【司徒】郡望为赵郡。商朝祖先契曾做过司徒，他的儿子中的旁支用官名作为姓氏。【司空】郡望为顿丘郡。禹曾做过司空，他子孙中的旁系用官名作姓氏。【百】郡望为南阳郡。起源于黄帝的后代百儵（shù），本是姞姓。另外，高丽（现在的朝鲜）有八姓，其中一个就是百姓。【姓】郡望为临淄郡。南海郡有这个姓的家族，一种说法是当地人本来没有姓，就用“姓”作为姓。另外一种说法认为是春秋时蔡国时射姓、丁姓的后代，是用名字作姓。

千字文

〔南朝梁〕周兴嗣　撰

天　地　玄　黄，　宇　宙　洪　荒。
tiān　dì　xuán　huáng　yǔ　zhòu　hóng　huāng

日　月　盈　昃，　辰　宿　列　张。
rì　yuè　yíng　zè　chén　xiù　liè　zhāng

寒　来　暑　往，　秋　收　冬　藏。
hán　lái　shǔ　wǎng　qiū　shōu　dōng　cáng

闰　余　成　岁，　律　吕　调　阳。
rùn　yú　chéng　suì　lǜ　lǚ　tiáo　yáng

云　腾　致　雨，　露　结　为　霜。
yún　téng　zhì　yǔ　lù　jié　wéi　shuāng

金　生　丽　水，　玉　出　昆　冈。
jīn　shēng　lì　shuǐ　yù　chū　kūn　gāng

剑　号　巨　阙，　珠　称　夜　光。
jiàn　hào　jù　què　zhū　chēng　yè　guāng

果　珍　李　奈，　菜　重　芥　姜。
guǒ　zhēn　lǐ　nài　cài　zhòng　jiè　jiāng

海　咸　河　淡，　鳞　潜　羽　翔。
hǎi　xián　hé　dàn　lín　qián　yǔ　xiáng

龙　师　火　帝，　鸟　官　人　皇。
lóng　shī　huǒ　dì　niǎo　guān　rén　huáng

始　制　文　字，　乃　服　衣　裳。
shǐ　zhì　wén　zì　nǎi　fú　yī　cháng

推　位　让　国，　有　虞　陶　唐。
tuī　wèi　ràng　guó　yǒu　yú　táo　táng

吊　民　伐　罪，　周　发　殷　汤。
diào　mín　fá　zuì　zhōu　fā　yīn　tāng

坐　朝　问　道，　垂　拱　平　章。
zuò　cháo　wèn　dào　chuí　gǒng　píng　zhāng

爱　育　黎　首，　臣　伏　戎　羌。
ài　yù　lí　shǒu　chén　fú　róng　qiāng

xiá ěr yī tǐ　shuài bīn guī wáng
遐 迩 一 体，率 宾 归 王。

míng fèng zài zhú　bái jū shí cháng
鸣 凤 在 竹，白 驹 食 场。

huà bèi cǎo mù　lài jí wàn fāng
化 被 草 木，赖 及 万 方。

gài cǐ shēn fà　sì dà wǔ cháng
盖 此 身 发，四 大 五 常。

gōng wéi jū yǎng　qǐ gǎn huǐ shāng
恭 惟 鞠 养，岂 敢 毁 伤。

nǚ mù zhēn jié　nán xiào cái liáng
女 慕 贞 洁，男 效 才 良。

zhī guò bì gǎi　dé néng mò wàng
知 过 必 改，得 能 莫 忘。

wǎng tán bǐ duǎn　mǐ shì jǐ cháng
罔 谈 彼 短，靡 恃 己 长。

xìn shǐ kě fù　qì yù nán liáng
信 使 可 覆，器 欲 难 量。

mò bēi sī rǎn　shī zàn gāo yáng
墨 悲 丝 染，《诗》 赞 羔 羊。

jǐng xíng wéi xián　kè niàn zuò shèng
景 行 维 贤，克 念 作 圣。

dé jiàn míng lì　xíng duān biǎo zhèng
德 建 名 立，形 端 表 正。

kōng gǔ chuán shēng　xū táng xí tīng
空 谷 传 声，虚 堂 习 听。

huò yīn è jī　fú yuán shàn qìng
祸 因 恶 积，福 缘 善 庆。

chǐ bì fēi bǎo　cùn yīn shì jìng
尺 璧 非 宝，寸 阴 是 竞。

資父事君，曰严与敬。
zī fù shì jūn, yuē yán yǔ jìng

孝当竭力，忠则尽命。
xiào dāng jié lì, zhōng zé jìn mìng

临深履薄，夙兴温清。
lín shēn lǚ bó, sù xīng wēn qìng

似兰斯馨，如松之盛。
sì lán sī xīn, rú sōng zhī shèng

川流不息，渊澄取映。
chuān liú bù xī, yuān chéng qǔ yìng

容止若思，言辞安定。
róng zhǐ ruò sī, yán cí ān dìng

笃初诚美，慎终宜令。
dǔ chū chéng měi, shèn zhōng yí lìng

荣业所基，籍甚无竟。
róng yè suǒ jī, jí shèn wú jìng

学优登仕，摄职从政。
xué yōu dēng shì, shè zhí cóng zhèng

存以甘棠，去而益咏。
cún yǐ gān táng, qù ér yì yǒng

乐殊贵贱，礼别尊卑。
yuè shū guì jiàn, lǐ bié zūn bēi

上和下睦，夫唱妇随。
shàng hé xià mù, fū chàng fù suí

外受傅训，入奉母仪。
wài shòu fù xùn, rù fèng mǔ yí

诸姑伯叔，犹子比儿。
zhū gū bó shū, yóu zǐ bǐ ér

孔怀兄弟，同气连枝。
kǒng huái xiōng dì, tóng qì lián zhī

jiāo yǒu tóu fèn，qiē mó zhēn guī
交 友 投 分，切 磨 箴 规。

rén cí yǐn cè，zào cì fú lí
仁 慈 隐 恻，造 次 弗 离。

jié yì lián tuì，diān pèi fěi kuī
节 义 廉 退，颠 沛 匪 亏。

xìng jìng qíng yì，xīn dòng shén pí
性 静 情 逸，心 动 神 疲。

shǒu zhēn zhì mǎn，zhú wù yì yí
守 真 志 满，逐 物 意 移。

jiān chí yǎ cāo，hǎo jué zì mí
坚 持 雅 操，好 爵 自 縻。

dū yì huá xià，dōng xi èr jīng
都 邑 华 夏，东 西 二 京。

bèi máng miàn luò，fú wèi jù jīng
背 邙 面 洛，浮 渭 据 泾。

gōng diàn pán yù，lóu guàn fēi jīng
宫 殿 盘 郁，楼 观 飞 惊。

tú xiě qín shòu，huà cǎi xiān líng
图 写 禽 兽，画 彩 仙 灵。

bǐng shè páng qǐ，jiǎ zhàng duì yíng
丙 舍 傍 启，甲 帐 对 楹。

sì yán shè xí，gǔ sè chuī shēng
肆 筵 设 席，鼓 瑟 吹 笙。

shēng jiē nà bì，biàn zhuǎn yí xīng
升 阶 纳 陛，弁 转 疑 星。

yòu tōng guǎng nèi，zuǒ dá chéng míng
右 通 广 内，左 达 承 明。

jì jí fén diǎn，yì jù qún yīng
既 集 《坟》《典》，亦 聚 群 英。

杜　稿　钟　隶，　漆　书　壁　经。
dù　gǎo　zhōng　lì　qī　shū　bì　jīng

府　罗　将　相，　路　侠　槐　卿。
fǔ　luó　jiàng　xiàng　lù　jiā　huái　qīng

户　封　八　县，　家　给　千　兵。
hù　fēng　bā　xiàn　jiā　jǐ　qiān　bīng

高　冠　陪　辇，　驱　毂　振　缨。
gāo　guàn　péi　niǎn　qū　gǔ　zhèn　yīng

世　禄　侈　富，　车　驾　肥　轻。
shì　lù　chǐ　fù　chē　jià　féi　qīng

策　功　茂　实，　勒　碑　刻　铭。
cè　gōng　mào　shí　lè　bēi　kè　míng

磻　溪　伊　尹，　佐　时　阿　衡。
pán　xī　yī　yǐn　zuǒ　shí　ē　héng

奄　宅　曲　阜，　微　旦　孰　营。
yǎn　zhái　qū　fù　wēi　dàn　shú　yíng

桓　公　匡　合，　济　弱　扶　倾。
huán　gōng　kuāng　hé　jì　ruò　fú　qīng

绮　回　汉　惠，　说　感　武　丁。
qǐ　huí　hàn　huì　yuè　gǎn　wǔ　dīng

俊　乂　密　勿，　多　士　实　宁。
jùn　yì　mì　wù　duō　shì　shí　níng

晋　楚　更　霸，　赵　魏　困　横。
jìn　chǔ　gēng　bà　zhào　wèi　kùn　héng

假　途　灭　虢，　践　土　会　盟。
jiǎ　tú　miè　guó　jiàn　tǔ　huì　méng

何　遵　约　法，　韩　弊　烦　刑。
hé　zūn　yuē　fǎ　hán　bì　fán　xíng

起　翦　颇　牧，　用　军　最　精。
qǐ　jiǎn　pō　mù　yòng　jūn　zuì　jīng

宣　威　沙　漠，　驰　誉　丹　青。
xuān wēi shā mò chí yù dān qīng

九　州　禹　迹，　百　郡　秦　并。
jiǔ zhōu yǔ jì bǎi jùn qín bìng

岳　宗　泰　岱，　禅　主　云　亭。
yuè zōng tài dài shàn zhǔ yún tíng

雁　门　紫　塞，　鸡　田　赤　城。
yàn mén zǐ sài jī tián chì chéng

昆　池　碣　石，　巨　野　洞　庭。
kūn chí jié shí jù yě dòng tíng

旷　远　绵　邈，　岩　岫　杳　冥。
kuàng yuǎn mián miǎo yán xiù yǎo míng

治　本　于　农，　务　兹　稼　穑。
zhì běn yú nóng wù zī jià sè

俶　载　南　亩，　我　艺　黍　稷。
chù zǎi nán mǔ wǒ yì shǔ jì

税　熟　贡　新，　劝　赏　黜　陟。
shuì shú gòng xīn quàn shǎng chù zhì

孟　轲　敦　素，　史　鱼　秉　直。
mèng kē dūn sù shǐ yú bǐng zhí

庶　几　中　庸，　劳　谦　谨　敕。
shù jī zhōng yōng láo qiān jǐn chì

聆　音　察　理，　鉴　貌　辨　色。
líng yīn chá lǐ jiàn mào biàn sè

贻　厥　嘉　猷，　勉　其　祗　植。
yí jué jiā yóu miǎn qí zhī zhí

省　躬　讥　诫，　宠　增　抗　极。
xǐng gōng jī jiè chǒng zēng kàng jí

殆　辱　近　耻，　林　皋　幸　即。
dài rǔ jìn chǐ lín gāo xìng jí

两 疏 见 机，解 组 谁 逼。

索 居 闲 处，沈 默 寂 寥。

求 古 寻 论，散 虑 逍 遥。

欣 奏 累 遣，戚 谢 欢 招。

渠 荷 的 历，园 莽 抽 条。

枇 杷 晚 翠，梧 桐 早 凋。

陈 根 委 翳，落 叶 飘 飖。

游 鹍 独 运，凌 摩 绛 霄。

耽 读 玩 市，寓 目 囊 箱。

易 輶 攸 畏，属 耳 垣 墙。

具 膳 餐 饭，适 口 充 肠。

饱 饫 烹 宰，饥 餍 糟 糠。

亲 戚 故 旧，老 少 异 粮。

妾 御 绩 纺，侍 巾 帷 房。

纨 扇 圆 絜，银 烛 炜 煌。

zhòu mián yè mèi，lán sǔn xiàng chuáng
昼 眠 夜 寐，蓝 笋 象 床。

xián gē jiǔ yàn，jiē bēi jǔ shāng
弦 歌 酒 宴，接 杯 举 觞。

jiǎo shǒu dùn zú，yuè yù qiě kāng
矫 手 顿 足，悦 豫 且 康。

dí hòu sì xù，jì sì zhēng cháng
嫡 后 嗣 续，祭 祀 烝 尝。

qǐ sǎng zài bài，sǒng jù kǒng huáng
稽 颡 再 拜，悚 惧 恐 惶。

jiān dié jiǎn yào，gù dá shěn xiáng
笺 牒 简 要，顾 答 审 详。

hái gòu xiǎng yù，zhí rè yuàn liáng
骸 垢 想 浴，执 热 愿 凉。

lú luó dú tè，hài yuè chāo xiāng
驴 骡 犊 特，骇 跃 超 骧。

zhū zhǎn zéi dào，bǔ huò pàn wáng
诛 斩 贼 盗，捕 获 叛 亡。

bù shè liáo wán，jī qín ruǎn xiào
布 射 僚 丸，嵇 琴 阮 啸。

tián bǐ lún zhǐ，jūn qiǎo rèn diào
恬 笔 伦 纸，钧 巧 任 钓。

shì fēn lì sú，bìng jiē jiā miào
释 纷 利 俗，并 皆 佳 妙。

máo shī shū zī，gōng pín yán xiào
毛 施 淑 姿，工 嚬 妍 笑。

nián shǐ měi cuī，xī huī lǎng yào
年 矢 每 催，曦 晖 朗 曜。

xuán jī xuán wò，huì pò huán zhào
璇 玑 悬 斡，晦 魄 环 照。

指薪修祜，永绥吉劭。

矩步引领，俯仰廊庙。

束带矜庄，徘徊瞻眺。

孤陋寡闻，愚蒙等诮。

谓语助者，焉哉乎也。

tiān　dì　xuán huáng　　yǔ　zhòu hóng huāng
天　地　玄　黄，宇　宙　洪　荒。

【译文】

　　天是玄色的，地是黄色的；宇宙是广大无边、无始无终的。

【解说】

　　◎玄，青苍色。黄，暗黄色。　　◎宇指空间，上下四方叫宇；宙指时间，古往今来叫宙。

rì　yuè　yíng　zè　　chén　xiù　liè　zhāng
日　月　盈　昃，辰　宿　列　张。

【译文】

　　太阳升起又落下，月亮圆了又缺；各种星辰排列在天空中。

【解说】

　　◎昃，太阳西斜。盈，指满月。　　◎辰、宿，都指星，古人认为天上有十二星次和二十八星宿。二十八星宿包括：角、亢、氐、房、心、尾、箕、斗、牛、女、虚、危、室、壁、奎、娄、胃、昴、毕、觜、参、井、鬼、柳、星、张、翼、轸。◎列，陈列。张，分布。

hán　lái　shǔ wǎng　　qiū shōu dōng cáng
寒　来　暑　往，秋　收　冬　藏。

【译文】

　　炎热的夏季过去了，寒冷的冬天来临；秋天是收获的季节，冬天是贮藏的季节。

rùn   yú   chéng suì   lǜ   lǚ   tiáo yáng
闰 余 成 岁， 律 吕 调 阳。

【译文】

用闰月计算多余的日子，使岁时确立；用律吕调节阴阳。

【解说】

◎中国的农历是阴阳历，以地球围绕太阳公转一周的时间作为一年，共三百六十五天；以月亮盈亏一次的时间为一月，每月二十九天半。这样阴历十二个月的天数是三百五十四天，与阳历每年的三百六十五天相差十一天，约每三年多出一个月，农历将增加的这个月作为闰月，加在第三年中。　◎律吕是古代校正乐律的器具，用竹管制成，阴阳各六，六阳管为律，六阴管为吕。一年四季，春夏两季属阳，秋冬两季属阴，因为闰月的关系，有时会造成阴阳节气的混乱，所以用十二律吕对应十二个月，以便调节阴阳。

yún téng zhì   yǔ   lù   jié   wéi shuāng
云 腾 致 雨， 露 结 为 霜。

【译文】

云气升腾使天下雨，露水凝结成为霜。

【解说】

◎腾，上升。　◎结，凝结。

jīn shēng lì   shuǐ   yù   chū kūn gāng
金 生 丽 水， 玉 出 昆 冈。

【译文】

丽水出产黄金，昆仑山出产美玉。

【解说】

◎丽水就是金沙江，金沙江的沙子中含有黄金。 ◎昆，指昆仑山。冈，山冈。

jiàn hào jù què zhū chēng yè guāng
剑 号 巨 阙， 珠 称 夜 光。

【译文】

宝剑的名字叫巨阙，珍珠中有夜光珠。

【解说】

◎传说越王允常命令铸剑名家欧冶子铸造了五把宝剑，分别起名为巨阙、纯钧、湛卢、胜邪、鱼肠。 ◎有一种珍珠能在黑暗中发光，称为夜光珠，也叫夜明珠。《搜神记》上记了一个故事：隋侯在路上碰到一条受伤的大蛇，他将蛇救活了，后来那条大蛇衔了一个大珠子来报答他，珠子在夜里能发光。

guǒ zhēn lǐ nài cài zhòng jiè jiāng
果 珍 李 奈， 菜 重 芥 姜。

【译文】

果品中李子和奈子很珍贵，蔬菜中芥菜和生姜很重要。

【解说】

◎奈子，奈树的果实，俗称沙果，形状较小。

hǎi xián hé dàn lín qián yǔ xiáng
海 咸 河 淡， 鳞 潜 羽 翔。

【译文】

海水是咸的，河水是淡的；长着鳞的鱼儿在水底潜游，长着羽毛的鸟儿在天空飞翔。

【解说】

　　◎海水中所含盐分较多，味道是咸的。　◎鳞，指代长着鳞甲的动物，如鱼类。羽，指长着羽毛的鸟类。

lóng shī huǒ dì　　niǎo guān rén huáng
龙 师 火 帝, 鸟 官 人 皇。

【译文】

　　帝王中有火帝和人皇；官职有的用龙命名，有的用鸟命名。

【解说】

　　◎上古时期，部落领袖燧人氏钻木取火，教会人们使用火，所以后来称他是火帝。又据传说，上古时代的君王有天皇氏、地皇氏和人皇氏，也就是所谓的三皇。　◎古代有用龙和鸟名来给官职命名的。如上古太昊伏羲氏的官职中春官称青龙氏，夏官为赤龙氏，秋官为白龙氏，冬官为黑龙氏，中官为黄龙氏。而少昊氏用鸟名来命名官职，如历正叫凤鸟氏，分司叫玄鸟氏，司启叫青鸟氏，等等。

shǐ zhì wén zì　　nǎi fú yī cháng
始 制 文 字, 乃 服 衣 裳。

【译文】

　　开始创造文字，又逐渐知道穿衣裳。

【解说】

　　◎上古时代，还没有文字，人们用绳子打结来记事，传说伏羲从自然界中受到启发，发明了文字。　◎上古时期的人，用鸟兽的皮毛或者树叶藤蔓来遮蔽身体。传说到了黄帝时，大臣胡曹发明用麻布裁制的衣裳。上身穿的叫衣，下身穿的叫裳。

tuī　wèi　ràng　guó　　yǒu　yú　táo　táng
推　位　让　国，有　虞　陶　唐。

【译文】

尧、舜都是上古的贤君，他们都曾把天下国家让给
别人。

【解说】

◎有虞氏指舜。陶唐氏指尧，尧曾被封在陶地，后来又被
封在唐地，所以称为陶唐氏。传说尧做了七十年帝王后把帝位
让给了舜，舜在位五十年后又让给了禹。

diào　mín　fá　zuì　　zhōu　fā　yīn　tāng
吊　民　伐　罪，周　发　殷　汤。

【译文】

抚慰人民、讨伐有罪的暴君，这是周武王和商汤的
功业。

【解说】

◎吊，慰问。　◎周发，指周武王姬发，他灭了残暴的商
纣王，建立了周朝。殷汤，指商朝的国君成汤，他灭了夏朝暴
君桀，建立了商朝。

zuò　cháo　wèn　dào　　chuí　gǒng　píng　zhāng
坐　朝　问　道，垂　拱　平　章。

【译文】

坐在朝廷上询问治国的道理，垂衣拱手、公正而合
理地治理天下。

【解说】

◎垂，衣服下垂；拱，拱手。古代帝王治理天下，注意听

取下层意见，充分利用众人的才能，无为而治，十分轻松。平章，公正而且显明。

ài　yù　lí　shǒu　chén　fú　róng　qiāng

爱　育　黎　首，臣　伏　戎　羌。

【译文】

爱护百姓，使周围民族服从称臣。

【解说】

◎黎首，指老百姓。　◎戎羌，古代对周围少数民族的称呼。

xiá　ěr　yī　tǐ　shuài　bīn　guī　wáng

遐　迩　一　体，率　宾　归　王。

【译文】

对远近的人民都一视同仁，所以民众都来归顺帝王。

【解说】

◎遐，远；迩，近。　◎率，一概，全都。宾，服从。

míng　fèng　zài　zhú　bái　jū　shí　chǎng

鸣　凤　在　竹，白　驹　食　场。

【译文】

凤凰在竹林鸣叫，白色的小马驹在场上吃着青苗。

【解说】

◎据说凤凰只吃竹子的果实。《诗经》上说："皎皎白驹，食我场苗。"（"洁白的小马驹啊，来吃我场上的青苗。"）这两句是说连动物也能得到圣贤的恩泽。

huà bèi cǎo mù　lài jí wàn fāng
化 被 草 木，赖 及 万 方。

【译文】

风化泽被草木，利益惠及各方。

【解说】

◎被，泽被，覆盖。　◎赖，利益。

gài cǐ shēn fà　sì dà wǔ cháng
盖 此 身 发，四 大 五 常。

【译文】

　　人们的身体发肤，不但具备地、水、火、风的四种
元素，而且关系仁、义、礼、智、信五种道德规范。

【解说】

　　◎盖，语气词。　◎四大，佛教认为地、水、风、火是构
成一切物质的基本元素，人的身体也由这四种元素组成，称作
四大。五常，指仁、义、礼、智、信五种基本的道德规范。

gōng wéi jū yǎng　qǐ gǎn huǐ shāng
恭 惟 鞠 养，岂 敢 毁 伤。

【译文】

　　必须恭敬地保养身体，不敢使它遭到毁坏和损伤。

【解说】

　　◎鞠，养育。《孝经》上说："身体发肤，受之父母，不敢
毁伤。"

nǚ　mù　zhēn　jié　　nán　xiào　cái　liáng
女　慕　贞　洁，男　效　才　良。

【译文】

作为女人要将坚贞纯洁作为目标，作为男人要仿效那些有才能有品德的人。

【解说】

◎效，效法，仿效。

zhī　guò　bì　gǎi　　dé　néng　mò　wàng
知　过　必　改，得　能　莫　忘。

【译文】

知道了自己的错误就一定要及时改正，获得某些技能一定不要忘记。

wǎng　tán　bǐ　duǎn　　mǐ　shì　jǐ　cháng
罔　谈　彼　短，靡　恃　己　长。

【译文】

不要轻率地谈论别人的短处，也不要夸耀自己的长处。

【解说】

◎罔，不要。　◎恃，矜夸，倚仗。

xìn　shǐ　kě　fù　　qì　yù　nán　liáng
信　使　可　覆，器　欲　难　量。

【译文】

让自己的诚实可以得到验证，而让器度广大难以测量。

【解说】

◎信，诚信，诚实。覆，验证。　◎器，器量、器度。量，测量。这两句是说人要言而有信，同时器量要大。

mò　bēi　sī　rǎn　　shī　zàn　gāo　yáng
墨　悲　丝　染，《诗》赞　羔　羊。

【译文】

墨子悲伤于白丝很容易被染色，《诗经》赞美羔羊的纯洁。

【解说】

◎墨子名翟，战国时期的人，提倡"兼爱""非攻"，是墨家学说的创始人。有一次，他见到有人将白色的丝染成别的颜色，感到很悲伤，说："染于苍则苍，染于黄则黄……故染不可不慎也。"（"染上青色它就成青丝，染上黄色它就成黄丝……所以染丝不能不慎重啊。"）　◎《诗》，也叫《诗经》，是我国最早的一部诗歌总集。《诗经》的《羔羊》一诗中说："羔羊之皮，素丝五紽。"诗的本义是赞美大夫的节俭正直，这里引用，是表达羔羊的纯洁。　◎这两句话是说人要注意自身修养，保持纯洁的本质，不要沾染不好的东西。

jǐng　xíng　wéi　xián　　kè　niàn　zuò　shèng
景　行　维　贤，克　念　作　圣。

【译文】

应该景仰贤人的行为，平时要能想着以圣人作为榜样。

【解说】

◎景，景仰。行，事迹，行为。　◎克，能够。

dé　jiàn　míng　lì　　xíng　duān　biǎo　zhèng
德　建　名　立，形　端　表　正。

【译文】

要建立功德和名声，必须行为端正，表现正直。

【解说】

◎形、表，指外在的表现。

kōng　gǔ　chuán　shēng　　xū　táng　xí　tīng
空　谷　传　声，虚　堂　习　听。

【译文】

空旷的山谷能连续传声，在空的房间里也能听到声音的回响。

【解说】

◎虚堂，空的堂屋。习，重复。

huò　yīn　è　jī　　fú　yuán　shàn　qìng
祸　因　恶　积，福　缘　善　庆。

【译文】

灾祸发生是由于平时积累的恶行，福气也是因为善事的积累而得到的奖赏。

【解说】

◎缘，因为。庆，奖赏。

chǐ　bì　fēi　bǎo　　cùn　yīn　shì　jìng
尺　璧　非　宝，寸　阴　是　竞。

【译文】

直径一尺的玉璧也不能算作珍宝，要珍惜的是每一寸光阴。

【解说】

◎宝，当作宝贝。　◎竞，竞争，这里有珍惜的意思。《淮南子》上说："圣人不贵尺之璧，而重寸之阴。"

zī　fù　shì　jūn　　yuē　yán　yǔ　jìng
资 父 事 君，曰 严 与 敬。

【译文】

用侍奉父亲的方式去侍奉君主，基本原则就是怀着畏惧和恭敬的心情。

【解说】

◎资，用，凭借。　◎严，畏惧。　◎中国古代社会是宗法社会，君臣之间的关系与父子关系是类似的。《孝经》上说："资于事父以事君，而敬同。"（"用侍奉父亲的方式去侍奉君主，恭敬的心情是一样的。"）

xiào　dāng　jié　lì　　zhōng　zé　jìn　mìng
孝 当 竭 力，忠 则 尽 命。

【译文】

孝顺父母要尽力去做好，忠于君主就要不惜自己的性命。

【解说】

◎竭力，竭尽全力。　◎尽命，付出整个生命。　◎孝是对父母，忠指对君主，二者的程度是不一样的。

lín　shēn　lǚ　bó　　sù　xīng　wēn　qìng
临 深 履 薄，夙 兴 温 清。

【译文】

像面临深渊、踩在薄冰上那样小心翼翼，每天早早起来，并且要关心冷暖。

【解说】

◎这两句是说孝顺父母的具体行为。履，踏、踩。薄，指薄冰。《诗经》中写道："战战兢兢，如临深渊，如履薄冰。"夙兴，早早起床。清，凉。《礼记》上说："凡为人子之礼，冬温而夏清。"（"做晚辈的，要让父母冬天感到暖和，夏天感到凉爽。"）

sì lán sī xīn　　rú sōng zhī shèng
似 兰 斯 馨，如 松 之 盛。

【译文】

像兰花那样芬芳，像松树那么茂盛。

【解说】

◎馨，芳香。　◎盛，茂盛。

chuān liú bù xī　　yuān chéng qǔ yìng
川 流 不 息，渊 澄 取 映。

【译文】

像河川那样流动不停，像深渊那样澄清照人。

【解说】

◎息，停息，停止。　◎渊，静止的深水潭。澄，澄清。映，映照。　◎这两句和上两句是用比喻的方法赞美人的品德。

róng zhǐ ruò sī　　yán cí ān dìng
容 止 若 思，言 辞 安 定。

【译文】

容貌举止要像思考问题时那么沉静安详，说起话来要文雅。

【解说】

◎《礼记》中说："毋不敬，俨若思，安定辞。"（"不要没有礼貌，平时举止要稳重，讲话要文雅。"）

dǔ　chū　chéng　měi　　shèn　zhōng　yí　lìng
笃　初　诚　美，　慎　终　宜　令。

【译文】

　　开始时做事踏实当然是好的，而事情成功以后保持慎重更是应当的。

【解说】

◎笃，踏实。初，开始。　◎慎，谨慎。宜，应该。令，好。　◎这两句是教人要善始善终。

róng　yè　suǒ　jī　　jí　shèn　wú　jìng
荣　业　所　基，　籍　甚　无　竟。

【译文】

　　将建立光荣的事业作为基本，不断追求显赫的声誉。

【解说】

◎荣业，光荣的事业。基，基本。　◎籍甚，有声誉，声名显赫。竟，停止。

xué　yōu　dēng　shì　　shè　zhí　cóng　zhèng
学　优　登　仕，　摄　职　从　政。

【译文】

　　学业优秀就可以去做官，担任一定的职务，从事政治活动。

【解说】

◎《论语》上记载子夏的话说："学而优则仕。"意思是如果学业达到优秀的程度就可以去做官了。　◎摄职，担任职务。

cún　yǐ　gān táng　　qù　ér　yì　yǒng
存　以　甘　棠，　去　而　益　咏。

【译文】

　　要像召公使甘棠树留存那样，走了以后更得到人们的赞颂。

【解说】

　　◎存，留存。　◎去，离开。咏，歌颂。　◎周朝时的召公是个贤明的大臣，能够体察民间的疾苦，很受人民爱戴。他巡行南方时，曾在一棵甘棠树下休息，当地人出于爱戴，就不忍心砍伐这棵树。《诗经》中有这样的诗句："蔽芾甘棠，勿翦勿伐，召伯所茇。"（"茂密的甘棠树啊，千万别去砍伐，因为召公曾在树下休息。"）

yuè　shū　guì jiàn　　lǐ　bié　zūn　bēi
乐　殊　贵　贱，　礼　别　尊　卑。

【译文】

　　音乐用来分出显贵和低贱，礼仪用来区别尊荣和卑微。

【解说】

　　◎殊，区别。　◎礼，礼仪。　◎这两句是指出礼乐的作用是为了区分高低等级。

shàng　hé　xià　mù　　fū chàng fù　suí
上　和　下　睦，　夫　唱　妇　随。

【译文】

　　上下关系和谐亲睦，夫妻之间协调顺从。

【解说】

◎上下，就是前两句中所谓的尊贵者和卑贱者。　◎唱，倡导。随，跟随，随从。

wài　shòu　fù　xùn　　rù　fèng　mǔ　yí
外　受　傅　训，入　奉　母　仪。

【译文】

在外面接受师傅的教诲，在家里遵循侍奉母亲的礼仪。

【解说】

◎傅，指老师。训，教诲。　◎奉，接受，遵循。仪，礼仪规范。

zhū　gū　bó　shū　　yóu　zǐ　bǐ　ér
诸　姑　伯　叔，犹　子　比　儿。

【译文】

长一辈的有各位姑母、伯父和叔父，低一辈的有侄子，他们跟自己的儿子一样。

【解说】

◎诸，各位。姑，父亲的姐妹。伯叔，父亲的兄弟。　◎犹子，指侄儿。《礼记·檀弓》中说："兄弟之子犹子也。"（"兄弟的孩子就像自己的孩子一样。"）犹，好像。

kǒng　huái　xiōng　dì　　tóng　qì　lián　zhī
孔　怀　兄　弟，同　气　连　枝。

【译文】

兄弟之间的感情是最深的，他们有着共同的血缘，就像连在一起的树枝。

【解说】

◎孔，大。怀，情感。　◎同气，指有共同的血缘关系。

jiāo　yǒu　tóu　fèn　　qiē　mó　zhēn　guī
交　友　投　分，切　磨　箴　规。

【译文】

结交朋友要情投意合，相互之间能切磋学问并能给对方提出忠告和意见。

【解说】

◎投，投契，融洽。情，情分。　◎切磨，切磋磨砺。指在学问上的互相帮助。箴规，箴言规劝。指在修养上的相互促进。

rén　cí　yǐn　cè　　zào　cì　fú　lí
仁　慈　隐　恻，造　次　弗　离。

【译文】

怀着仁厚慈爱的同情心，即使在仓促的情形下也不要背离这个原则。

【解说】

◎隐恻，同情别人的心情。《孟子》上说："恻隐之心，人皆有之。"　◎造次，指仓促急迫的时候。离，背离。

jié　yì　lián　tuì　　diān　pèi　fěi　kuī
节　义　廉　退，颠　沛　匪　亏。

【译文】

坚守道义、做事合乎事理、明智而且谦让，即使在困难流离的时候这些品德也不能亏缺。

【解说】

◎节，坚守道义不改变叫节。义，合理的道德行为。廉，能够分辨是非。退，谦让。　◎颠沛，指境遇艰难。匪，非，不。亏，亏缺。

xìng jìng qíng yì　xīn dòng shén pí
性 静 情 逸， 心 动 神 疲。

【译文】

本性沉静，情感就能安逸；心中有杂念，神气就容易疲惫。

【解说】

◎逸，安逸，闲适。　◎心动，指内心被外在事物扰乱。神疲，神气劳顿。

shǒu zhēn zhì mǎn　zhú wù yì yí
守 真 志 满， 逐 物 意 移。

【译文】

保持本性，心志就能满足；追求物质享受，心意就会改变。

【解说】

◎真，指纯真的本性。　◎逐物，追求物质享受。

jiān chí yǎ cāo　hǎo jué zì mí
坚 持 雅 操， 好 爵 自 縻。

【译文】

坚持高尚的操守，好的爵位自然会系在身上。

【解说】

◎雅，高尚的。　◎爵，爵位。縻，系。《周易·中孚》的卦辞说："我有好爵，吾与尔靡之。"（我有好爵位，我把它系在你身上。）意思是把好爵位赐给你。　◎以上讲人的自身修养。

dū　yì　huá　xià，　dōng　xī　èr　jīng

都　邑　华　夏，　东　西　二　京。

【译文】

华夏大地上的都城，以东京洛阳和西京西安最著名。

【解说】

◎都邑，就是都城、大城市。有时也特指帝王所在的地方。华夏，文明广大的地方，后来成为中国的代称。　◎东京，就是现在的洛阳，周平王将洛邑作为国都，东汉光武帝也把它作为都城，叫东京。西京，也就是现在的西安。南北朝之前有三个朝代建都西安：周武王时叫镐京，秦朝在咸阳（西安附近），西汉叫长安。

bèi　máng　miàn　luò，　fú　wèi　jù　jīng

背　邙　面　洛，　浮　渭　据　泾。

【译文】

洛阳背后是北邙山，前面是洛水；西安左边有渭水流过，右边依托泾水。

【解说】

◎浮，漂浮。据，依托。

gōng　diàn　pán　yù，　lóu　guàn　fēi　jīng

宫　殿　盘　郁，　楼　观　飞　惊。

【译文】

宫殿曲折像树林一样密集，楼观高耸像要飞起来一样使人惊奇。

【解说】

◎盘，盘曲重叠。郁，茂盛。这里指房屋密集。　◎观，宗庙或者宫门外两旁的高建筑物。

tú xiě qín shòu huà cǎi xiān líng
图 写 禽 兽，画 彩 仙 灵。

【译文】

宫殿楼观上都用彩色颜料画着飞禽走兽、天仙神灵。

【解说】

◎写，这里也指画。　◎彩，彩色。

bǐng shè páng qǐ jiǎ zhàng duì yíng
丙 舍 傍 启，甲 帐 对 楹。

【译文】

正殿旁的房屋都在侧向开门，对着房柱的地方设置豪华的帐子。

【解说】

◎丙舍，汉代用甲、乙、丙分别房屋等级，丙舍指宫中正殿两旁的房屋。傍，通"旁"，旁边。启，开门。　◎甲帐，用珍宝装饰的帐子。《汉武故事》上说："上以琉璃、珠玉、明月夜光珠，杂错珍宝为甲帐，其次为乙帐。"楹，堂屋前面的柱子。

sì yán shè xí gǔ sè chuī shēng
肆 筵 设 席，鼓 瑟 吹 笙。

【译文】

殿中设置筵席，艺人们弹瑟吹笙。

【解说】

◎肆，陈设。　◎鼓，弹奏。

shēng jiē nà bì　biàn zhuàn yí xīng
升 阶 纳 陛， 弁 转 疑 星。

【译文】

官员们登上台阶进入殿中，晃动的官帽多得让人怀疑是天上的星星。

【解说】

◎升、纳，登上。阶、陛，都指台阶。　◎弁，官帽。

yòu tōng guǎng nèi　zuǒ dá chéng míng
右 通 广 内， 左 达 承 明。

【译文】

向右通向广内殿，向左可以到达承明殿。

【解说】

◎广内、承明，都是汉代皇宫的殿名。广内殿在建章宫中；承明殿在未央宫中。

jì jí fén diǎn　yì jù qún yīng
既 集 《坟》《典》， 亦 聚 群 英。

【译文】

宫殿中既收藏着很多像《坟》《典》这样的古代典籍，也聚集着很多杰出的人才。

【解说】

◎《坟》指《三坟》，《典》指《五典》，是传说中最早的古史书。　◎英，指才能出众的人。

dù　gǎo　zhōng　lì　　qī　shū　bì　jīng
杜　稿　钟　隶，　漆　书　壁　经。

【译文】

　　书籍中有草书写的，有隶书写的，也有漆书和从墙壁中挖出的古文经书。

【解说】

　　◎杜，指杜度，汉章帝时人，擅长草书。稿，草稿，一般写文章多用草书，而杜度善写草书，所以有时杜稿也指代草书字体。钟，指钟繇，三国时魏国书法家，擅长写隶书。　◎漆书，用漆将字写在竹简上。经指经书，汉代以前指《周易》《尚书》《诗经》《礼》《乐》《春秋》六种经典。秦始皇时焚书坑儒，六经都被烧毁，汉代流行的都是靠经学者记忆并用当时的隶书重写的，后来鲁恭王拆孔子的旧宅，从墙中发现了用古文写的《尚书》，这就是《古文尚书》，也叫壁经。

fǔ　luó　jiàng　xiàng　　lù　jiā　huái　qīng
府　罗　将　相，　路　侠　槐　卿。

【译文】

　　府中排列着文武大臣，道两旁站着三公九卿。

【解说】

　　◎罗，罗列。将相，文武大臣。　◎侠，与"夹"通用，所以这里读jiā。槐卿，指三公九卿。周朝制度：在宫殿的道旁种三棵槐树、九棵棘树，三公面对槐树，九卿则坐在棘树下，后用槐卿代表三公九卿。周朝时的三公指太师、太傅、太保，是品级最高的大臣。

hù fēng bā xiàn jiā jǐ qiān bīng
户 封 八 县， 家 给 千 兵。

【译文】

分封的民户有八县，家中所养兵士有千人。

【解说】

◎户，民户。 ◎家，指公卿将相之家。给，供给。

gāo guān péi niǎn qū gǔ zhèn yīng
高 冠 陪 辇， 驱 毂 振 缨。

【译文】

大臣戴着高帽子，随在帝王的车辇左右，车轮奔驰，
冠带飘动。

【解说】

◎辇，古代指帝王坐的车子，由人拉着走。 ◎驱，奔驰。
毂，车轮中间的圆木，这里指代车。缨，帽带子。

shì lù chǐ fù chē jià féi qīng
世 禄 侈 富， 车 驾 肥 轻。

【译文】

世代有俸禄，生活奢侈富饶；平时驾着肥马，坐着
轻车。

【解说】

◎禄，俸禄。侈，奢侈。 ◎肥，指代肥马。轻，轻快。

cè gōng mào shí lè bēi kè míng
策 功 茂 实， 勒 碑 刻 铭。

【译文】

出谋划策，为国家建立了伟大而实际的功劳；他们

的事迹都被制成铭文刻在石碑上。

【解说】

　　◎策，谋划。茂，盛大。实，名副其实。　　◎勒，刻。铭，记载功劳的一种文体，刻在石碑上。

pán xī yī yǐn zuǒ shí ē héng
磻　溪　伊　尹，佐　时　阿　衡。

【译文】

　　姜太公曾在磻溪垂钓；伊尹担任阿衡官职，辅佐当时的君王。

【解说】

　　◎磻溪，河流名称，在今天的陕西省宝鸡市东南，相传姜太公在这里钓鱼，周武王请他辅佐自己，建立了周朝。伊尹，商朝大臣，辅佐商王汤灭了夏朝，被尊为阿衡（相当于宰相）。《诗经·商颂》中写道："实惟阿衡，实左右商王。"　　◎佐时，辅佐当世。

yǎn zhái qū fù wēi dàn shú yíng
奄　宅　曲　阜，微　旦　孰　营？

【译文】

　　大规模在曲阜这个地方建城，除了周公旦谁能够做到？

【解说】

　　◎奄，覆盖。宅，居住。曲阜，地名，在今天的山东省，是周代诸侯国鲁国的都城。　　◎微，没有。旦，姬旦，周武王的弟弟，分封在鲁，史称周公。营，营造。

huán gōng kuāng hé   jì   ruò fú qīng
桓 公 匡 合，济 弱 扶 倾。

【译文】

齐桓公联合诸侯，匡正天下；救济弱小的国家，扶持处于危难中的诸侯。

【解说】

◎桓公，指齐桓公，春秋五霸之一，名叫小白。《荀子》上说："齐桓公九合诸侯，一匡天下。"匡，匡正。意思是结束天下的混乱状态。合，会合，会盟。齐桓公曾九次与别的诸侯国会盟。　◎倾，将要倾倒。指处在危难中。

qǐ   huí hàn huì   yuè gǎn wǔ dīng
绮 回 汉 惠，说 感 武 丁。

【译文】

绮里季等四公使汉惠帝得回太子位，傅说让武丁有所感触。

【解说】

◎绮，指绮里季。他与东园公、夏黄公、用（lù）里先生合称商山四皓，秦朝末年，为避战乱躲入商山。汉朝建立后，高祖刘邦曾邀请他们出来，他们没答应。后来刘邦想废了太子刘盈，于是张良邀请四皓出来与刘盈一起游历，刘邦一看，感叹说："太子的羽毛已丰满了，动不得了。"就打消了废太子的想法，后来刘盈做了皇帝，就是汉惠帝。回，还，重新得到。　◎说，指傅说，说在这里念 yuè。武丁是商朝的君主，传说他有一次梦见上帝派了一个贤才来辅助他，醒后，他画下梦里那人的肖像，按图像到各地寻找，最后在傅岩这个地方找到了傅说，他让傅说当了宰相，治理国家，使商朝兴旺发达。感，使人有感触。

jùn yì mì wù duō shì shí níng
俊乂密勿，多士实宁。

【译文】

贤才们勤奋工作，君主因为有了这许多人才而得到安宁。

【解说】

◎俊乂，千人之中的杰出人物叫俊，百人之中的杰出人物叫乂。密勿，努力、勤奋。　◎士，指有知识有才能的人。宁，安宁。《诗经·大雅》中写道："济济多士，文王以宁。"

jìn chǔ gēng bà zhào wèi kùn héng
晋楚更霸，赵魏困横。

【译文】

晋国、楚国相继为诸侯霸主，赵、魏等六国被合纵连横的计策所害。

【解说】

◎在齐桓公之后，晋文公、秦穆公、宋襄公、楚庄王相继成为诸侯的霸主，合称春秋五霸。这里只写晋、楚，是概括的说法。赵、魏，战国时的两个国家。战国时，秦国强大，最初，苏秦劝说六国联合起来对抗秦国，叫合纵；后来张仪又劝说六国一起侍奉秦国，叫连横。六国在采取什么策略方面感到很烦恼。六国指赵、魏、韩、齐、楚、燕。　◎困，困窘。横，连横。

jiǎ tú miè guó jiàn tǔ huì méng
假途灭虢，践土会盟。

【译文】

借虞国的路灭了虢国，诸侯们在践土会盟。

【解说】

　　◎假途，借路。晋献公准备攻伐虢国，但要经过虞国。献公用荀息的计策，用垂棘璧和屈产马送给虞国国君，取得同意后，就借虞国的路灭了虢国。军队回来时，又乘机袭击虞国并灭了它。　　◎践土，地名。春秋鲁僖公二十八年，晋文公曾与其他诸侯国在践土会盟。

hé　zūn　yuē　fǎ　　hán　bì　fán　xíng
何　遵　约　法，韩　弊　烦　刑。

【译文】

　　萧何遵守约定的法律，韩非子主张严刑反而害了自己。

【解说】

　　◎何，萧何，汉朝初年的大臣。汉高祖在入关攻打秦国时，曾经与当地父老约定了三条法律：杀人的人要处死，伤了人或者偷盗的要抵罪。其余的秦朝严刑酷法都被废除。这被称作约法三章。后来，随着汉朝的建立，约法三章逐渐显得不严密。汉高祖于是命萧何参照秦朝法律制定汉律，但主要精神还是遵循约法三章。　　◎韩，韩非子，战国时韩国人。主张严刑酷法，后来到秦国，遭到李斯的排挤，死在狱中。

qǐ　jiǎn　pō　mù　　yòng　jūn　zuì　jīng
起　翦　颇　牧，用　军　最　精。

【译文】

　　白起、王翦、廉颇、李牧，他们都擅长指挥军队作战。

【解说】

◎起、翦，指白起、王翦，战国时秦国的著名将领。颇、牧，指廉颇、李牧，战国时赵国的著名将领。

xuān wēi shā mò　chí yù dān qīng
宣　威　沙　漠，驰　誉　丹　青。

【译文】

他们让军威传布到沙漠地带；驰名天下，肖像被画下来流传后世。

【解说】

◎宣，传布、显示。　◎丹青，彩色，这里指图画。汉宣帝时曾将功臣的肖像画在麒麟阁中。

jiǔ zhōu yǔ jì　bǎi jùn qín bìng
九　州　禹　迹，百　郡　秦　并。

【译文】

大禹的足迹遍及天下九州；秦始皇兼并天下，汉代分置的百郡就从秦朝开始。

【解说】

◎九州，禹将天下分为冀、兖、青、徐、扬、荆、豫、梁、雍九州。迹，足迹。　◎百郡，汉代时设置。秦并，上古及夏商周三代，实行的都是分封制，各诸侯国分治天下，到秦始皇统一天下，废除封建制，改为设置郡县。秦始皇时设置了三十六个郡，汉代设置了一百零三个郡。

yuè zōng tài dài　shàn zhǔ yún tíng
岳 宗 泰 岱，禅 主 云 亭。

【译文】

五岳中泰山是宗主；在泰山举行封禅大典时禅祭主要在云、亭两座小山上进行。

【解说】

◎岳，指五岳，即东岳泰山、西岳华山、南岳衡山、北岳恒山、中岳嵩山。泰岱，即泰山。　◎禅，古代有封禅制度，在泰山上筑土为坛，用来祭天，叫封。在泰山下的小山如云云山、亭亭山上扫地为场地，祭祀地，叫禅。

yàn mén zǐ sài　jī tián chì chéng
雁 门 紫 塞，鸡 田 赤 城。

【译文】

有雁门关、紫塞城，有鸡田驿、赤城。

【解说】

◎雁门，关名，在山西代县西北，是历代戍守的重地。紫塞，指长城，因为筑长城用的土颜色发紫，所以长城又称紫塞。　◎鸡田，驿站名。赤城，城名，东晋时筑成。

kūn chí jié shí　jù yě dòng tíng
昆 池 碣 石，巨 野 洞 庭。

【译文】

有昆明池、碣石山，有巨野泽、洞庭湖。

kuàng yuǎn mián miǎo　yán xiù yǎo míng

旷 远 绵 邈，岩 岫 杳 冥。

【译文】

土地旷阔遥远，绵延而深远；石窟和山洞幽深昏暗。

【解说】

◎邈，遥远。　◎岩，石窟。岫，石洞。

zhì běn yú nóng　wù zī jià sè

治 本 于 农，务 兹 稼 穑。

【译文】

从事农业是生活的根本，要致力于收种庄稼。

【解说】

◎本，根本。　◎务，致力于。稼穑，播种和收获。泛指农业劳动。

chù zǎi nán mǔ　wǒ yì shǔ jì

俶 载 南 亩，我 艺 黍 稷。

【译文】

开始治理田地，我种植上黍米、谷子。

【解说】

◎俶，开始。载，从事、治理。南亩，向南的农田。《诗经·小雅》中有"俶载南亩，播厥百谷"的诗句。　◎艺，种植。黍、稷，两种粮食作物。

shuì shú gòng xīn　quàn shǎng chù zhì

税 熟 贡 新，劝 赏 黜 陟。

【译文】

庄稼成熟、新粮收获后就要收取税贡；同时对官吏进行劝勉奖赏，表现好的提升，表现差的降职。

【解说】

◎税，收税。熟，庄稼成熟。贡，进贡。新，刚收获的庄稼。　◎黜陟，对官吏进行罢免或提升。

mèng　kē　dūn　sù　　shǐ　yú　bǐng　zhí

孟 轲 敦 素， 史 鱼 秉 直。

【译文】

孟轲崇尚本质纯洁，史鱼坚持说真话。

【解说】

◎孟轲，就是孟子，春秋战国时儒家的代表人物。敦，崇尚。素，本质精纯。　◎史鱼，卫国史官，名鳎，字子鱼。秉，坚持。

shù　jī　zhōng yōng　　láo　qiān　jǐn　chì

庶 几 中 庸， 劳 谦 谨 敕。

【译文】

平时做事要努力地接近中庸的标准，要勤劳谦虚、谨慎收敛。

【解说】

◎庶几，差不多。中庸，中国古代看待事物的一种标准，要不偏不倚，不走极端。　◎敕，使行为得到约束。

líng　yīn　chá　lǐ　　jiàn　mào biàn　sè

聆 音 察 理， 鉴 貌 辨 色。

【译文】

听到言辞要审察是否合乎道理，看到外貌要辨别出表情是正是邪。

【解说】

◎聆，听。　◎鉴，观看。色，颜色，表情。

yí　jué　jiā　yóu　miǎn　qí　zhī　zhí
贻　厥　嘉　猷，勉　其　祗　植。

【译文】

遗留下好的谋略，立身处世尽量做到恭敬。

【解说】

◎贻，遗留。嘉，好的。猷，谋略。　◎勉，勉力，尽力。
祗，恭敬。植，立身。

xǐng　gōng　jī　jiè　chǒng　zēng　kàng　jí
省　躬　讥　诫，宠　增　抗　极。

【译文】

要省察自身的行为以免受到讥诮，不要使尊宠增加
到与上级抗衡的极致。

【解说】

◎省，反省。躬，自身。　◎抗，抗衡。

dài　rǔ　jìn　chǐ　lín　gāo　xìng　jí
殆　辱　近　耻，林　皋　幸　即。

【译文】

如果到了接近耻辱的地步，那么应该及时退隐山林。

【解说】

◎殆，近。　◎林皋，指山林。皋是水边地。即，接近，
指退隐。

liǎng　shū　jiàn　jī　　jiě　zǔ　shuí　bī
两　疏　见　机，解　组　谁　逼。

【译文】

汉代的疏广、疏受能够预见事物的发展，辞官不做完全是出于自愿。

【解说】

◎两疏，指汉代的疏广、疏受，他们都以年老为理由，辞官不做。　◎解组，解下印绶，指辞官。

suǒ　jū　xián　chǔ　　chén　mò　jì　liáo
索　居　闲　处，沈　默　寂　寥。

【译文】

平日孤独而悠闲地居处在家，默默无闻而恬静淡泊。

【解说】

◎索，萧索，指独处。　◎沈默，"沈"通"沉"，沉静无闻。

qiú　gǔ　xún　lùn　　sàn　lǜ　xiāo　yáo
求　古　寻　论，散　虑　逍　遥。

【译文】

搜求古籍找寻高论，思虑漫无边际地飞扬，逍遥自在。

【解说】

◎散，飞散。虑，思虑。

xīn　zòu　lèi　qiǎn　　qī　xiè　huān　zhāo
欣　奏　累　遣，戚　谢　欢　招。

【译文】

接受让人高兴的事、排遣牵挂，谢绝忧愁，得到欢欣。

【解说】

◎欣，欣喜。奏，进。累，挂累，牵累。遣，使离开。 ◎谢，
谢绝。

qú hé dì lì yuán mǎng chōu tiáo
渠 荷 的 历， 园 莽 抽 条。

【译文】

沟中的荷花光彩灿烂，园中的茂草发出新条。

【解说】

◎的历，光彩灿烂的样子。 ◎莽，茂草。抽，发出。

pí pa wǎn cuì wú tóng zǎo diāo
枇 杷 晚 翠， 梧 桐 早 凋。

【译文】

枇杷叶在年终依然苍翠，梧桐叶早早地凋谢。

【解说】

◎枇杷，果树，叶子一年四季都不凋谢。晚，指年终。

chén gēn wěi yì luò yè piāo yáo
陈 根 委 翳， 落 叶 飘 飖。

【译文】

草木的老根委弃在地上逐渐被埋没，落叶在风中
飘荡。

【解说】

◎陈根，草木的老根。翳，遮蔽，埋没。

yóu　kūn　dú　yùn　líng　mó　jiàng　xiāo
游 鹍 独 运，凌 摩 绛 霄。

【译文】

飞动的鹍鸟在天空独自翱翔，高高地接近红色的云霄。

【解说】

◎游，飞动。鹍，鸟名。运，转动。　◎凌摩，接近。

dān　dú　wán　shì　yù　mù　náng　xiāng
耽 读 玩 市，寓 目 囊 箱。

【译文】

沉迷于读书，即使在市场上也找书来细看，眼中所见的只有书袋、书箱。

【解说】

◎耽，沉迷。玩，玩味，仔细看。市，市场。汉代的王充因为家里穷买不起书，他就在书肆中游历，阅读书肆中所卖的书。　◎寓目，目光所寄托。

yì　yóu　yōu　wèi　zhǔ　ěr　yuán　qiáng
易 𬨎 攸 畏，属 耳 垣 墙。

【译文】

很细微的地方被忽视都是可畏惧的，应该知道隔墙有耳。

【解说】

◎易，疏忽。𬨎，轻微。攸，就。这里指言语轻微而容易被忽视。　◎属耳，注意听。垣，墙。

jù shàn cān fàn shì kǒu chōng cháng
具 膳 餐 饭，适 口 充 肠。

【译文】

准备饭食，以适合口味能够填饱肚子为原则。

【解说】

◎具，准备。膳，吃食。 ◎餐，吃。

bǎo yù pēng zǎi jī yàn zāo kāng
饱 饫 烹 宰，饥 餍 糟 糠。

【译文】

吃饱时连精心烹调的肥肉也要讨厌，饥饿时吃了糟糠也觉得很满足。

【解说】

◎饫，厌。宰，屠杀，这指肉类。 ◎餍，满足。糟，酒滓。糠，米皮。

qīn qi gù jiù lǎo shào yì liáng
亲 戚 故 旧，老 少 异 粮。

【译文】

亲戚朋友，以及老人小孩应该吃不同的粮食。

qiè yù jì fǎng shì jīn wéi fáng
妾 御 绩 纺，侍 巾 帷 房。

【译文】

妾的职责就是从事纺织，在内室侍候丈夫的起居。

【解说】

◎妾，男子在妻子之外娶的女子。绩，把麻搓捻成线。 ◎侍巾，指侍候男子穿衣、戴头巾。帷房，用帷布布置的房子，指内室。

纨　扇　圆　絜，　银　烛　炜　煌。
_{wán} _{shàn} _{yuán} _{jié} _{yín} _{zhú} _{wěi} _{huáng}

【译文】

圆圆的纨扇十分洁净，银色的蜡烛火光闪烁。

【解说】

◎纨扇，用细绢做的扇子，供妇女使用。絜，古通"洁"。　◎炜煌，火光闪耀。

昼　眠　夜　寐，　蓝　笋　象　床。
_{zhòu} _{mián} _{yè} _{mèi} _{lán} _{sǔn} _{xiàng} _{chuáng}

【译文】

白天所躺和晚上所睡的，有蓝笋席和象牙床。

【解说】

◎寐，熟睡。　◎蓝笋，用蓝色的软竹编的席子。象床，用象牙装饰的床。

弦　歌　酒　宴，　接　杯　举　觞。
_{xián} _{gē} _{jiǔ} _{yàn} _{jiē} _{bēi} _{jǔ} _{shāng}

【译文】

在酒宴上弹琴唱歌，客人和主人分别接受对方的敬酒并举杯致意。

【解说】

◎弦，指琴瑟之类有弦的乐器。　◎接，接受。觞，古代喝酒用的器物。

jiǎo shǒu dùn zú　yuè yù qiě kāng
矫 手 顿 足，悦 豫 且 康。

【译文】

双手高举并用脚踩地，显得十分高兴而且健康。

【解说】

◎矫，高举。顿足，用脚踏地。　◎悦豫，喜悦高兴的意思。康，健康、安康。

dí hòu sì xù　jì sì zhēng cháng
嫡 后 嗣 续，祭 祀 烝 尝。

【译文】

嫡子作为后代使宗族得到延续，祭祀祖先时四季都要举行不同的祭礼。

【解说】

◎嫡，古时指正妻所生的子女。　◎嗣续，延续、继续。　◎祭祀，古代为了对神灵或者祖先表示敬意而举行的一种仪式。烝尝，不同的季节举行的祭祀有不同的名称，春天举行的叫礿（yuè），夏天的叫禘（dì），秋天的叫尝，冬天的叫烝。这句只说烝尝是概括的说法。

qǐ sǎng zài bài　sǒng jù kǒng huáng
稽 颡 再 拜，悚 惧 恐 惶。

【译文】

祭祀时，要先要跪着叩头，接着双手伏在地上再行拜礼，怀着恐惧敬畏的心情。

【解说】

◎稽颡，古代行的一种跪拜礼，叩头时额头要碰地，一般是在父母丧礼期间用这种礼节迎接宾客，稽在这里念 qǐ。再，第二次，接着。拜，两手伏在地上行礼。　◎悚惧恐惶，都是害怕的意思，表示极度敬畏。

jiān　dié　jiǎn　yào　　gù　dá　shěn　xiáng
笺　牒　简　要，　顾　答　审　详。

【译文】

给别人写信要简明扼要，回答别人的问题则要明白而且详细。

【解说】

◎笺，本义指一小张纸，后来用作书信的代称。牒，公文。　◎顾答，回答。审详，明白而且详细。

hái　gòu　xiǎng　yù　　zhí　rè　yuàn　liáng
骸　垢　想　浴，　执　热　愿　凉。

【译文】

身体脏了就想洗澡，拿着热的东西就希望它凉下来。

【解说】

◎骸，身体。垢，污垢，脏东西。浴，洗澡。　◎执，拿着。

lú　luó　dú　tè　　hài　yuè　chāo　xiāng
驴　骡　犊　特，　骇　跃　超　骧。

【译文】

驴子、骡子、牛犊和公牛，受了惊都会跳跃奔跑。

【解说】

◎犊，出生不久的小牛。特，公牛。　◎骇，受惊。超，跳过。骧，奔跑。

zhū　zhǎn　zéi　dào　　bǔ　huò　pàn　wáng

诛 斩 贼 盗， 捕 获 叛 亡。

【译文】

对于强盗贼人要把他们杀死，对于叛徒和逃跑的人要把他们抓住。

【解说】

◎诛，杀死。贼，古时把毫无顾忌地杀人的人叫作贼。盗，偷或者抢东西的人。　◎叛，背叛。亡，逃跑。

bù　shè　liáo　wán　　jī　qín　ruǎn　xiào

布 射 僚 丸， 嵇 琴 阮 啸。

【译文】

吕布射箭技术很高，宜僚擅长抛接弹丸；嵇康很会弹琴，阮籍善于打呼哨。

【解说】

◎布，指吕布。东汉末年人，擅长骑马射箭。当时刘备与袁术两方相互攻打，吕布为了调解他们，就让人在军营的门口插一把戟，自己离戟有一百步远，又对刘备和袁术说："如果我一箭射中戟的分枝，你们就和解吧。"说完弯弓就射，正好射中戟的分枝。　◎僚，指熊宜僚，春秋时楚国人。传说他会抛接弹丸，可以同时抛接九个。　◎嵇，指嵇康，晋朝人，是竹林七贤之一。他弹琴的技艺非常高，曾创作过乐曲《广陵散》，声调非常优美。后来他因为得罪当权者被杀害，《广陵散》也就失传了。　◎阮，指阮籍，晋朝人，是竹林七贤之一。据说他非常善于打呼哨。啸，噘口发出声音，吹口哨。

tián　bǐ　lún　zhǐ　　jūn　qiǎo　rén　diào
恬　笔　伦　纸，　钧　巧　任　钓。

【译文】

　　蒙恬发明笔，蔡伦发明纸；马钧技艺高超，任公子
善于钓鱼。

【解说】

　　◎恬，指蒙恬。《博物志》上说，现在所用的毛笔是秦朝
人蒙恬发明的。　　◎伦，指蔡伦。蔡伦是汉朝人，发明了造纸
术。　　◎钧，指马钧。他是三国时魏国人，技艺高超，发明灌
溉用的翻车，重造失传的指南车。他还做过一个木人，身体内
有机关，会自动跳舞。　　◎任，任公子。《庄子》上说了一个故
事：任公子做了一个大鱼钩，用五十头牛做鱼饵，投入东海，
结果钓上一条大鱼，够整个沿海地区的人吃的。

shì　fēn　lì　sú　　bìng　jiē　jiā　miào
释　纷　利　俗，　并　皆　佳　妙。

【译文】

　　以上的技艺和发明都能解除人们的烦恼，有利于社
会，都是十分美好而巧妙的。

【解说】

　　◎释，解除。纷，烦扰，烦乱。俗，世俗，指社会。　　◎并
皆，全部。并，旧时写作並。

máo　shī　shū　zī　　gōng　pín　yán　xiào
毛　施　淑　姿，　工　嚬　妍　笑。

【译文】

　　毛嫱、西施都有着美丽的姿容，而且善于表现；难
受时皱眉，高兴时欢笑，都十分迷人。

【解说】

◎毛，指毛嫱。施，指西施。她们都是古代有名的美女。淑，美好。姿，姿态、容貌。 ◎工，善于。颦，皱眉。据说西施因为有心口痛的病时常皱着眉头，当时的人看了觉得她的样子很美。妍笑，笑得非常美。

nián shǐ měi cuī   xī huī lǎng yào

年 矢 每 催， 曦 晖 朗 曜。

【译文】

年岁的漏箭时时催促着人们，而太阳的光辉明朗地照耀着。

【解说】

◎年，年岁，每年的时间。矢，漏箭，也就是古代计量时间的工具，用三个铜壶依次向下漏水，有一个铜壶接水，接水壶中有漏箭，随着水的上涨而上浮，按照所刻的符号指示时间。 ◎曦晖，太阳的光辉。曜，照耀。

xuán jī xuán wò   huì pò huán zhào

璇 玑 悬 斡， 晦 魄 环 照。

【译文】

璇玑在空中转动着，象征着天地的运行；而月亮则或明或暗地照亮着大地。

【解说】

◎璇玑，又叫璇玑玉衡，是用玉装饰的、观察天体运行的天文仪器。斡，转动。 ◎晦魄，阴历每月的最后一天叫晦，魄指月亮刚出时或者隐没时的微光。环，循环。指月亮的盈亏循环往复。

zhǐ　xīn　xiū　hù　　yǒng　suí　jí　shào
指　薪　修　祜，永　绥　吉　劭。

【译文】

　　要像庄子用烧柴所喻示的那样加强自身的修养，以获得幸福，用得到长久的安宁和吉祥这样的目标来勉励自己。

【解说】

　　◎指薪，《庄子》中讲了一个比喻：烧柴时，柴有烧尽的时候，但火却传了下来。这几句话的意思是，一个人的时光是有限的，但只要加强自身的修养，获得的幸福和吉祥却是无限的。修，修养，使自身品德得到完善。祜，幸福。　　◎绥，平安。吉，吉祥。劭，勉励。

jǔ　bù　yǐn　lǐng　　fǔ　yǎng　láng　miào
矩　步　引　领，俯　仰　廊　庙。

【译文】

　　走路要端正、脖子要挺直，低头抬头都像在神庙里那样严肃而且合规矩。

【解说】

　　◎矩步，走路符合规矩。引领，伸直脖子。　　◎俯仰，低头叫俯，抬头叫仰。廊庙，祭神的地方。

shù　dài　jīn　zhuāng　pái　huái　zhān　tiào
束　带　矜　庄，徘　徊　瞻　眺。

【译文】

　　系着带子，态度矜持庄重，走动和观望时都符合礼节。

【解说】

　　◎束带，系着腰带。这里指穿着礼服。矜，庄重。庄，指容貌端正。　　◎徘徊，来回走动。瞻眺，向上看叫瞻，向远处看叫眺。

gū　lòu　guǎ　wén　　yú　mēng　děng　qiào
孤　陋　寡　闻，愚　蒙　等　诮。

【译文】

　　不与别人接触，听的少，见识也少，那就可能被讥讽为与愚昧不开化一样。

【解说】

　　◎孤，不与别人接触，见闻少。陋，鄙陋，不高明。寡，少。闻，听说，从别处接受的知识。　　◎愚蒙，没有知识，不开化。诮，责备，讥讽。

wèi　yǔ　zhù　zhě　　yān　zāi　hū　yě
谓　语　助　者，焉　哉　乎　也。

【译文】

　　所谓语言的助词，有焉、哉、乎、也。

【解说】

　　◎语助，语言的助词。

训蒙辑要

〔清〕石天基　撰

师 范

自立品行

为师者，弟子之所效法。其师方正严毅，则弟子必多谨饬；其师轻扬佻达，则弟子必多轻诞。是以文人才士，虽不必过学迂腐，但俨然为人师范，举动间亦须稍自检束，令子弟有所敬惮。

【译文】

当老师的，是弟子们仿效学习的目标。如果老师正直严肃，那么弟子一定会谨慎而且懂规矩；如果老师轻率放荡，那么弟子一定会轻浮不知礼义。所以文人才士，虽然不必学得过分迂腐，但既然作为一个态度认真的老师，一举一动也要稍微检点一些，让弟子们内心感到又恭敬又害怕。

时刻尽心

天下罕有不可教诲之子弟，惟东君掣肘，难行馆政者。悉心开导，督课必须严谨，讲贯必须透彻。文艺之外，必须一切人情世事、品行心术，一一指示。若喜其聪明，更不督责，恶其顽钝，便不鼓励，读书不主课程，悠悠忽忽，误人子弟，问心岂不缺然？幼学是入门之始，不可一刻放松。盖童蒙浑朴未雕，训导有法，养成令器，可望大成，否则也不失为谨厚人。所以一切事体，都宜教诲，不是教伊句读习字，便是塞责。若概视为具文，徒藉为自课自给之资，则不堪自问。村馆学徒，聚集动以十计，若为师者不严立规矩，时刻查点，则学徒败坏，皆其师之罪孽也。且其中多有旧家子弟好根基者，有过人聪明好资质者，若能教出一两个人，功德倍常。

【译文】

天下很少有不能教育的孩子，只是因为家长的牵制，难以施行学馆的规矩。对学生要用心开导，要求必须严格而又谨慎，讲解必须透彻。在文学制艺之外，必须把一切人与人之间的情态和世间发生的各种事情、品格行为以及心术，都一一地指示。如果喜欢某个学生的聪明，便不对他监督责备；厌恶某个学生的愚顽迟钝，便不对他进行鼓励；读书时不依照课文的进程，晕晕乎乎，耽误别人的子弟，扪心自问难道不觉得缺憾吗？幼儿的学习是入门的开始，不可以一时一刻放松，因为儿童质朴还没有经过雕琢，如果教育引导得法，培养成优秀的人才，可以期望他有大的成就，否则也能成为一个谨慎忠厚的人。所以对一切事物，都应该进行教育，不是教他加标点符号、认字，便是尽到责任了。如果把一切都看成是走形式，只是靠这个作为生活来源，那就问心有愧了。村中学馆中的生徒，聚集起来常有几十个，如果当老师的不严格树立规矩，时刻查点，那么学生行为败坏，都是当老师的罪过。而且这些学生中有不少是读书世家的子弟，有较好的基础的，也有聪明过人具有好的素质的，如果能教出一两个人来，那功德是不同寻常的。

因人加意

寡妇之子，伊母饮水茹蘖，艰苦万端，举目无依，专望其子成立。因无父训诲，不得不加督责；因无父爱惜，又不忍过于严厉。专期为师者，宽猛互用，教成令器。

单传之子，累世宗祧关系一身，此种人不善教，则其先代更无可属望之人，何异为师者斩其数世之嗣也？

不读书者之子，其父苦不知学，辛勤拮据，令子从师，专心相托，望眼欲穿，若为师者因其不知而欺之，以至从师多年，毫无实学，读书无成，改业已晚，遂至沦为弃材，师岂能逃其罪哉？

【译文】

寡妇的孩子，当母亲的清苦度日，万般艰苦，举目没有依靠，一心期望自己的孩子能成人立业。因为没有父亲教诲，所以不能不进行督促；又因为没有父亲疼爱，不忍心过分严厉。所以一心期望当老师的，宽严结合，把孩子教成有用的人才。

独生单传的孩子，几代的传宗接代的重任都在他身上。对这种人不好好教育，那么他的上辈就没有可以寄予希望的人，这与当老师的把他几代后人都灭绝了有什么不同？

没有文化的人的后代，他的父辈因为穷没上过学，平时辛勤劳作、省吃俭用，让孩子跟老师学习，全心全意地把孩子托付给老师，盼望孩子成材。如果当老师的因为他没有文化就欺骗他，以至于跟着老师学习多年，也没有学到真实学问，读书没有成绩，改做其他事也晚了，因而成为没用的人，当老师的能逃脱罪责吗？

延教苦心

教子义方，父之职也，然父子之间不责善，故古者易子而教之，此师道所由隆也。父母为子延师，竭力措办束脩，加意供奉饮馔，安心委付，即如托孤寄命的一般，日望其子明理，醒事成人。子弟就拜门墙，尊称之曰先生，亲称之曰师傅，俯躬听受，即如投胎望生的一般，日求其师传道授业解惑。

【译文】

用正直的道理教导孩子，是做父亲的职责，但父子之间不能过分用善去要求，所以古人互相交换孩子来教育，这就是教师这一职业兴盛的原因。父母为孩子请老师时，竭力筹办学费，供应老师饮食时格外注意，全心托付，就像人临终时托付孤儿寄托命运一样，每天盼望他的孩子明白道理，懂事成人。儿童拜在老师门下，尊称老师叫先生，亲近的称为师傅，恭敬地听从老师的教导，就像要脱胎换骨一样，每天要求老师传授道理学问、解除疑惑。

授受关系

盖人家一代之兴替，全关子弟，而子弟终身之成败，系于师长。西席一位，并于天地君亲之列，其责任之重为何如哉？况人家子弟正在妙龄，嗜欲未开，聪明待启，比之出土之苗，含花之蕊，倘能滋培灌溉，不难因秀成实，开花结子，秉慈惠之心者，及是时迎机开导，随材造就，多术提撕，宽严并用，恩义兼尽，使之闻正言，见正事，存好心，做好人，小而洒扫应对进退之节，大而孝悌忠信之道、礼义廉耻之防，无不讲究，养成圣贤之材，蔚为卿相之器，德行足以传家，文章堪以华国，世道赖之，朝廷倚之，乡闾荣之，宗族乐之。

【译文】

一个家庭的兴旺和衰败，全在下一代子弟，而一个子弟一生的成功和失败，又与老师和长辈的教导有关。教师这个职位，与天、地、君主、父母相并列，他的责任是怎样地重大啊。况且人家的子弟正在好年岁，各种欲望和嗜好还没有形成，聪明才智有待开启，所以被比作刚出土的幼苗，含苞待放的花蕊，如果能灌溉培养，不难开花结果。怀有慈惠之心的老师，在这时抓住机会进行开导，按照学生本身素质进行培养，用多种方法进行督促，严格与宽大的办法一起用，恩情和道义都尽到，让他听正当的话，看正当的事，存好心，做好人，小到洒水扫地、问话答话、进前退后的礼节，大到孝顺父母、敬爱兄弟、忠心君主、对朋友守信的道理以及对礼义廉耻等道德规范的注意，都要教导。培养出圣贤一样的人才，让他成为公卿宰相一类的人物，品德行为足以使家族延续，文章能够为国家增光，社会要倚赖他，朝廷要依靠他，家乡以他为荣，宗族以他为乐。

规模宏远

论师儒一道，在成己成物。有始有卒者，诲人不倦，陶铸之德，功同造物，栽培之仁，量过生成。古有以骨相寒微，留心教道，厥后丰神造人，形骨俱换，世登科甲，朱紫满朝者矣。此其食报，宁有尽乎？

【译文】

论起教师这个职业的意义，在于既使别人成功也使自己取得成就。有始有终的教师，诲人不倦，陶冶铸造的功德，就像造出新事物一样，栽培的仁行超过生育之恩。古时候有人出身寒苦低微，因为留心教育，后来丰采神气照人，从里到外像换了个人，后代又都不断地考中科举，在朝廷中做官。这就是他得到的报答，还会有穷尽吗？

课儿八法

熟　读

子弟读生书，须于清晨令其连读，自百遍至二百遍，熟如流水，乃及别事。盖今日之根本既深，嗣后永不遗忘。及理书时，不烦多读，既通本一气滚下，何等省力。

【译文】

学生读生疏的课文，要在清晨时让他连续读，从一百遍到二百遍，熟练流利像流水一样，才去做别的事。今天的根基打得深，以后永远不会遗忘。等到复习时，不需要多读，整本书一口气顺下去，多么省力气。

少　授

如念书能念十行，只与之七八行念，一则力省易念，一则养其精神。或熟而一字不解，须讲解字义，念至其第，即讲至某第，虽迟一二年念完，其受益更深于早一二年也。

【译文】

如果某个学生能念十行，只给他七八行念，一是这样省力气、好念，一是让他的精神得到休养。或者书念得熟而对字义不了解，需要讲解字的意思，念到什么地方，就讲解到什么地方，虽然这样书要迟一二年才念完，但学生所受的好处却比早一二年更深。

认　字

宜于其未读之书，先将字样依次写出，每日讲说，量资质定其多寡。如前一日教以一字"了"字，次一日即以"了"字加"一"字，即夫子之"子"，父子之"子"。如此类推，字字认识，字字透解，是未读而字已识认。读生书时，最为省事。

【译文】

应该在学生没读过的书中，先把字样子按顺序写出来，每天讲解，按学生的天资素质决定多少。比如前一天教了个"了"字，第二天可以在"了"字上加"一"，这就是孔夫子的"子"字，也就是父子的"子"字。按照这个类推，学生可以做到字字认识，字字都理解，这样一来，书没读，字已经认识了。读生疏的课文时，这种办法最省事。

正　画

字有一定之式，一点一画，不可造次，如省笔字、重叠二点之类，竟不可令之见闻，童而习惯，自一一严正矣。

【译文】

字有一定的形式，一点一画都不能马虎，像省笔字、重叠的二点之类，最好不要让学生见到，小时候习惯了正确的写法，自然每个字都会写得严格而正确。

讲　义

书已熟矣，乃令将生书及十日内书，再读百遍，随把所读之书与之讲解。盖字义先已了解，随读随讲，较之多读不熟，而又不解者甚远。

【译文】

书读熟以后，让学生把没学过的课文和十天内读的课文再读一百遍，教师接着把所读的课文讲解给学生听。因为学生对字义先已了解，一边读一边讲，与多读而不熟练，又不了解意义的效果相差很远。

存　敬

射者必内志正，外体直，况我辈读书写字时乎？近见诸生，偏首侧坐，种种违式，何以变其气质耶？写字时，须令端坐，两手均平，两足齐一；读书时，目无旁视，身无动摇，字句清明；平常无事时，坐必如尸，立必如斋。不独儒林原该如是，抑生严敬之思，收拾放心，莫逾此法。

【译文】

　　射箭的人必须内心正，身体直，何况我们在读书写字的时候呢？最近见到有些学生，歪着头侧着身子，种种姿势都不正确，怎么能改变他的气质呢？写字的时候，必须叫他端正地坐着，两只手摆平，两脚放齐；读书时，目光不看别处，身体不能乱晃，字句要读得清楚明白；平常没有事的时候，坐着要像塑像，站着要像斋戒时那么恭敬。不只是作为一个读书人原该这样，要培养恭敬严谨的心思，收拾放纵之心，没有比这更好的办法了。

活　机

　　夏秋昼永，正务易完，令其随师闲步，或问其平日所习字义，当日所读书理，或见草木鸟虫，俱与志名释义，或古今帝王师相，历代贤儒名佐，俱就便叙论。久之开益神智，积累自富，正不独散其困倦已也。

【译文】

　　夏季秋季白天较长，正常的学业完成以后，让学生跟着老师散步，或者问他平时所学的字义、当天所读课文的意义，或者见了草木鸟虫，就告诉他这些东西的名字和有关知识，或者对古往今来的帝王将相、历代的贤人名臣，都趁着方便进行议论叙述。时间长了开启增加智慧，知识的积累自然会丰富，正不只是消散他的困倦啊。

问　理

　　尤紧要者，临卧时已离师侧，为父兄者问其今日所读何书，所有遗忘，不拘时候询之。

【译文】

　　最要紧的，学生临睡觉时已离开老师身旁，要由做父兄的问他今天读的什么书，所有忘了的，不管什么时候都可以询问他。

学　训　(清) 郑敦次

尊　师

《书》曰："天降下民，作之君，作之师。"是师也，盖与大君并重矣。须求学行俱优，敦礼而延之。凡师有教诲，必诚心领略，苟不诚于受教者，不知先生尊也。夫为子弟而不尊先生，教之多而不能入，终于无成，可不戒哉。

会典开载为学之道，自当尊敬先生。凡有疑问，及听讲说，皆须诚心听受，但先生讲说未明，亦当从容再问，毋恃己长，妄行辩难。或置之不问。

读书先去傲心，才得成人，才得受教。

会典学规云：为师长者，当体先生之道，竭忠教训，以道愚蒙，勤考其课，抚善惩恶；勿致怠惰，务要依先圣先贤格言教诲后进，使之成材，以备任用。《书》曰："父身克正，乃无不正。"为人师者，其慎图之。

【译文】

《尚书》说："上天创造了万民，又给他们创造了君主和老师。"所以说老师是与君主同样重要。要找品行学问都优秀的，恭敬有礼地聘请他。凡是老师的教诲，都要诚心地接受，假如接受教育的人不诚心，那是不知道老师的尊贵。作为学生而不尊敬先生，教了他很多却不能接受，终于一事无成，这种情况能不引以为戒吗？

会典中记载了学习的道理，自是应当尊敬老师。凡是有疑问以及听老师讲课，都必须诚心接受。但老师有讲得不明白的地方，也应该态度平和地再次询问，不要凭着自己的一点特长，狂妄地进行辩论和问难，或者放一边不询问。

读书必须先去掉傲心，才能长成人，才能接受教育。

会典中的学规规定：作为师长，应当体会当老师的道德；竭力去教，引导蒙昧的儿童，多考察他的学业，抚慰好的，惩罚坏的，不要让他懈怠懒惰。一定要依照古代圣贤的格言教育后辈，使他成材，以备国家的任用。《尚书》中说："父辈自身能正直，就没有不正直的了。"做别人老师的，应该慎重对待它。

勤　课

徐幹云：今之学者，勤心以取之，不懈以成之，自足以昭明而成博达矣。盖精于勤，荒于嬉，所从来矣。凡我子弟，须于每日黎明，各齐集学堂，至则各随迟早向上三揖，然后各就位读书。巳刻则写字一张，傍午则授讲书一段，宁少而精熟，毋多而卤莽。下半日则专于读书，薄暮或歌诗，或不歌诗。散学时须序长幼，排齐向上，三揖而退。

【译文】

　　三国时徐幹说过：现在的做学问的人，勤奋地汲取知识，不懈怠地向成功努力，自能做到因明白通晓而广博通达。所以说学问因为勤奋而精进，因为嬉玩而荒废，从来都是这样。凡是我的学生，必须在每天黎明的时候，都要聚集到学堂，到了以后依照来的早晚向台上的老师作三个揖，然后坐到自己的位子上读书。到了巳刻写一张大字，快中午时老师讲解一段课文，宁愿少讲一些但使学生精通熟练，不要讲得多而马虎。下午半天专心读书，傍晚时或者念一段诗，或者不念。放学时要按照大小次序排好队，向老师作三个揖后才离开。

读　书

　　凡读书，先贵识字之声韵画数，务各尽心辨析，大抵遵《洪武正韵》，符合于本书音释之为当耳。

　　凡读书，每日须读一般经书，一般子书，不可贪多，只要精熟。须静室危坐，读二三百遍，那字字句句，须要分明。又五日，须连三五授，通读五七十遍，务令成诵，不可一字放过，此读书最妙之法。

　　孟子曰："平旦之气，其好恶与人相近也者几希。"又曰："鸡鸣而起，孳孳为善。"夫平旦鸡鸣之时，神气清明，志意安定，当此时而能读书，反复而诵之，则熟者愈熟，而生者亦熟。

【译文】

凡是读书，重要的是先认识字的声韵和笔画，一定要把这几方面辨别分析清楚，一般是遵照《洪武正韵》，又符合具体课文的读音和解释的为恰当。

凡是读书，每天要读一些经书和一些诸子百家的书，不能贪多，只要精通熟练就行了。要在静室里端坐，把书读二三百遍，字字句句，都要分清明白。五天后，必须连续讲授三五次，一定让学生能够背诵，一个字都不能放过，这是读书最妙的办法。

孟子说："一个丢失善心的人在天刚亮时接触到清明的气息，促成他有了少许与别人相接近的好恶。"又说："鸡叫唤就起来，一心做善事。"天刚亮鸡叫的时候，人的神气清爽而明白，心意安定，在这个时候读书，反复地念诵，就会熟练的更熟练，生疏的也会熟练。

习　字

字有笔法，下笔须知。凡我弟子，于每日巳刻写字，务各用心，习学恭敬。端楷点画向背之间，一如古人字法，不得潦草简笔。

【译文】

字有笔法，下笔时应该知道。凡是我的学生，每天巳时写字，一定要用心，学习时要态度恭敬。正楷的点画和笔势走向，全都要像古人的字法，不能潦草省减笔画。

敦　孝

《论语》开口《学而》，以"其为人也孝弟"继之，可见学为君子，不过学孝弟而已。尝谓孝之一德，首于百行；孝之一字，冠于五经。凡诸弟子，初为学时，正始学为成人之始。自今以往，要把孝字时时悬在心目，惟恐举念一差，便非学道，庶乎根本不伤，君子可学而至矣。

【译文】

《论语》开篇就是《学而》，接着就是"其为人也孝弟"这句话，可见学习做君子，不过是学习如何孝弟。我曾说过孝这种德行是众多品行之首；孝这个字统冠五经。各个学生，刚上学时，正是学做人的开始。从今往后，要把孝字时时挂在心目中，最怕一念之差，便不是学习正道了。如果根本的品德不受伤害，那么君子就学习有成了。

存　厚

万物资始于乾，而资生于坤，坤之象曰："厚德载物。"

是厚也者，万物之生气也。平居以厚道训人，即如器之厚者能耐久，薄则动辄损坏，同一理也。

【译文】

万物开始于乾，而生长于坤，坤的卦象说："淳厚的品德装载事物。"因此说厚是万物生长的源气。平时居处用厚道来要求人，就和厚的器物能存在很长时间，而薄的器物动不动就损坏，是一个道理。

守　谦

《易》惟谦卦六爻皆吉，幽而鬼神福谦，明而人道好谦。谦于尊则光，谦于卑则不可逾，是谦无往而不利也。人孝出弟，孔子之所以教子弟也；爱亲敬长，孟子之所以言孩提也。谦抑之道，本于天性，岂人所不能哉？特教我子弟者，宜时加策励耳。自今以往，一举一动，便要谦恭，一言一行，都要谦下。

【译文】

《周易》各卦只有谦卦的六爻都是吉利的，暗地里鬼神保佑的是谦逊的人，明处人的社会里也喜好谦逊。对尊贵的人谦逊是有光彩的事，对卑贱的人谦逊他就不会逾越等级，所以说谦逊是在什么时候都有好处的。出入孝弟，是孔子用来教育晚辈的；热爱父母、尊敬长辈，是孟子用来说小孩子的。谦逊的道德出于人的本性，岂是人做不到的？这里特别教育我的学生们，应该时时加以鞭策和鼓励。从今往后，一举一动，都要谦逊恭敬；一言一行，都要谦卑。

奉　法

　　读书之人，世所尊贵，以能守先圣之法，可为法于后学也。读书而不奉法，有王法以绳之。圣人云，君子怀刑，良有以也。果其自尊自贵，杜门不出，日与黄卷中圣人相对，与吾道中良朋相资，即或与市人交，口不出恶言，彼何从而怒我？有时与狂夫接，身只循正规，彼何从而狎我？虽为寒士，守其清贫，绝无诌容，境遇亨通，安其素位，不形骄态，将怨尤之端悉去，又何至有雀角鼠牙之讼？不然，非好生事以凌人，即为狂诞以忤人，未有不为人所鄙薄，而能取重于人者也。孟子云：祸福无不自己求之者。允不诬也。

【译文】

　　读书的人，世代能尊贵，是因为能坚持圣人的法则，可以作为后辈学习的目标。读书而不遵守法纪，有王法来制裁他。圣人说：君子安于刑法，实在有所根据的。如果他真尊重自己，闭门不出，每天和书卷中所描述的圣人相对，与同道中的好朋友互相帮助，即使偶尔与市井之徒交往，口中不说坏话，他有什么理由生我的气？有时与狂妄的人接触，自身只遵循正道，他又怎么能狎侮我？虽然是个贫寒的人，但安于清苦贫穷的生活，没有一点讨好别人的表现，境况顺利通达，安心于平常的地位，不表现出骄傲的神态，将可能造成别人怨恨的因素都除去，又何至于有打不清的官司？不然的话，不是喜欢惹事欺侮人，就是狂妄无理得罪人，这样没有能被别人看得起，而受到别人倚重的。孟子说：祸和福没有不是自己招的。说的实在是不错。

读书心法

立　志

吾儒读书，首要立志。立志贵坚，坚而有恒，其学必成。一切世事，俱要立志，读书希圣希贤，志犹为最。试看越王之复吴仇，张良之报韩恨，以及狄仁杰之复唐室，志有所在，而事必成也。

【译文】

我们读书，首先要立下志向。立志最可贵的是坚定，坚定而且有恒心，他的学业一定能有成就。世间的一切事，都要立志，读书希望成为圣人、贤人，志向应该是最重要的。试看越王勾践向吴国报亡国之仇，张良为韩国亡国之恨报仇，以及狄仁杰恢复唐朝的天下，志向立下了，事情一定能成功。

明　理

读书原只用明白这个道理：须要句句体到自己身心日用上，力行方为实在有益。

【译文】

读书本来只是用来明白这个道理：必须每句话都要体会到自己的身心以及日常活动上，同时要努力实行才是实际有利益的。

书　程

读书秘诀：须置一册，纪每日所读书文，逐日检点，至十日二十日，将所习者循序温之，所谓日知其所亡，月不忘其所能也。读书之功，无逾于此。

【译文】

读书的秘诀，是设置一个本子，记下每天所读的课文，每天检查，到了十天二十天的时候，将所学的按顺序复习，这就是每天知道忘了多少，每月知道学了多少。读书的功效，没有能超过这个办法的。

发　愤

读书不发愤，须要想着考场之内出一题目，茫然不知作何解说，自然发愤读书矣。读书不发愤，须要想着作文构思时，他人何以容易，我何以独难，想到困苦之极，自然发愤读书矣。

【译文】

读书不发愤，就要想着考场内出了某一个题目，自己茫然不知道怎样解说，自然会发愤读书了。读书不发愤，还可以想着写文章构思时，别人为什么那么容易，我为什么偏这么难，想到困难的极点，自然就发愤读书了。

杂　念

读书先要除去了杂念，才能熟得透彻，记得久远。譬如人腹中，先将藜藿菜蔬食饱了，后来虽有珍馐美味也不能下咽，必须腹中消去几分藜藿菜蔬，才能够进得几分珍馐美味。这杂念不独是尘俗事件，即书中也有要紧的不要紧的。

【译文】

读书先要把杂念去掉，才能理解得透彻，记得时间长。比如人的肚子中，先吃饱了各种野菜，后来虽然有美味佳肴，也咽不下去了，必须先将肚里的野菜去掉几分，才能吃下几分美味佳肴。这杂念不只是凡俗事情，就是书中也有要紧的知识和不要紧的知识。

精　熟

读书不精熟此篇，不复又读他篇。含英咀华，资其领略。若东读西读，这篇不熟，那篇不精，岂不枉费工夫？

凡读古人之文，今人之文，读这一篇，就要把精神注意在这一篇上，切不可读着这篇，又想看那篇。譬如一锅水，煮许多时，自然滚热，倘水尚未热，又换水另煮，虽煮了许多水，到底不能滚热。好胜务博者，往往犯此病。

【译文】

读书不精通熟练这一篇，不能又读其他篇。玩味文章的精华，全靠细心理解。如果东一篇西一篇地乱读，这篇还没熟习，那篇也不精通，岂不是白费工夫？

凡是读古人的文章、今人的文章，读这一篇，就要把注意力放在这一篇上，切不可以读着这篇，又想着另外一篇。比如煮一锅水，煮得时间长了，水自然就烧开了，如果水还没热，又换水另煮，虽然煮了许多水，到底是不能烧开。好胜心强喜欢广博的人，往往犯这个毛病。

贪　多

　　每见贪多之人，专务广博，读书之时，自恃才思敏捷，连篇连卷，从目中口中，流水竞过，其实何曾用心精研？虽多矣，奚以为？今后须要宁少务精，勿多而粗。昔兵法有云：兵在精而不在多。予于读书亦然。

【译文】

　　平常总看到贪求多的人，专门追求广博，读书的时候，倚仗着自己才思敏捷，整篇整卷从眼中和口中像流水一样滑过，其实根本没有用心地研究，虽然读得多，又有什么用？今后必须宁愿少读精读，不要多读粗读。过去兵法上曾说过：兵在精干不在数量多。我对于读书也这么看。

运用　解悟

　　读书要能运用，能解悟，闻此知彼，触类旁通，一篇可至十篇，十篇可至百千篇，不可胜用矣。

【译文】

　　读书要能运用所学到的知识，要能够理解，听到这方面就知道另一方面，接触了这一类就精通了别的类，这样读一篇就可以知道十篇的东西，读十篇可以理解一百篇甚至一千篇的东西，用都用不完。

早　起

读书须于五更清晨时用功，较之辰巳以后几倍有益。盖平旦乃天地清爽之气，最当挹取。前人云：一日之计在于寅。人能于此时学事，事必精详；人能于此时读书，书必熟透。

【译文】

读书要在清晨时用功，这比上午以后再读有几倍的功效。因为清晨时天气清新，最应当吸取。前人说：一天的活动安排都在寅时（相当于清晨三点到五点）。人能在这时候学习事情，事情必定学得精通而详细；人能在这时候读书，书一定会读得精通而透彻。

精　神

读书须要振起精神，明目细心，如将军在阵，丝毫昏沉忽略不得。

【译文】

读书时要振作精神，眼明心细，就像将军在战场上，丝毫也不能昏沉马虎。

偷　闲

读书最忌说闲话，管闲事。盖闲话闲事，俱令人心散神飞，无益而有损也。

【译文】

读书时最忌说闲话、管闲事。因为闲话闲事都让人心神涣散，精力不集中，没有好处只有坏处。

间　断

读书切不可间断。一日如是，一月如是，终岁如是，循序渐进，日新月盛，不自觉矣。

读书不怕少，不怕缓，只怕一暴十寒。譬如赶路的人，虽然紧走了些路，却歇息了多时，反不如徐行缓步者，转先到地头了。谚云：不怕慢，就怕站。信哉。

【译文】

读书绝不可以间断。一天像这样，一月像这样，一年都像这样，循序渐进，每天有新的知识积累，每月都超过以往，自己都觉不出来。

读书不怕少，也不怕慢，就怕三天打鱼、两天晒网。比如走路的人，虽然紧赶了一些路，却休息了很长时间，反而不如慢慢走的人先到目的地。俗话说：不怕慢，就怕站。确实是这样啊。

闲　散

读书读多时，觉有疲倦也，要抛卷缓步，闲散潇洒些，颐养我的精神心目，方有机括。

【译文】

读书时间长了，觉得疲倦了，要放下书本去散步，闲散放松一会儿，休养一下自己的精神心力和眼睛，才会有灵感。

从　容

读书虽不可停缓，亦不可过于急遽。譬如善走路的人，每日能走百里，只走七八十里，则气力有余，亦筋骨不软。若倚恃着气力强健，走过百里之外，无非疾趋忙奔，必至疲倦，次日反不能行矣。读书亦然，其进锐者，其退速也。

【译文】

读书虽不能速度过慢或停下来，但也不能过分着急。比如懂得走路的人，每天能走一百里，他只走七八十里，这样力气有富余，筋骨也不至于太酸疼。如果倚仗着自己有力气，每天走一百多里，肯定是紧赶快跑，一定会疲倦，第二天反而不能走了。读书也是这样，进得快的，退得也快。

有事人亦能用功

读书有一便法：凡有事物的人，当精选古文一本，时艺一本，置案头眼前，得闲就熟读，才有事，稍闲也就熟读。是能读一篇，则得一篇之益，能读十篇，则得十篇之益。若务期闲着，关读几个月书，吾恐人事见杂，未必能够尽闲。奈何光阴似箭，瞬息间，一月一月又了却一年矣，岂不总因等待贻误乎？

朱文公有云：勿谓今日不学，尚有来日；勿谓今年不学，尚有来年。日月逝矣，岁不我与。呜呼老矣，是谁之愆？

【译文】

读书有一个方便的办法：凡是有事情的人，可以精选一本古文，或是一本科举应试文选，放在眼前的桌子上，有空就读，事情办完后的一点空闲也要读。这样能读一篇，就得一篇的好处，能读十篇，就得十篇的好处。如果一定要等空闲时间，闭门读几个月书，恐怕事情繁杂，未必能够有闲空。无奈光阴似箭，转眼之间，一个月一个月地又过了一年，岂不是总因为等待而耽误了吗？

　　朱熹先生说：不要认为今天不学，还有后来的日子；也不要认为今年不学，还有来年。日月一过，时光并不等待我。可叹年纪老了，又是谁的过错？

小子有造

　　半日读书，半日静坐，此为学而有成者言也，不可以例童蒙。童蒙则课诵读之功，天机天趣，不可太静息之，听其活泼可耳。

【译文】

　　半天读书，半天静坐沉思，这是对那些学问上已有成就的人说的，不能用这个来要求儿童。对儿童要督促他读书，并依着他的天真本性，不能让他太老实不动了，应该听任他活泼一些。

成人有德

　　《大学》之道，在明明德，在新民，在止于至善，此修己治人之功用。读书非徒涉猎该博，专供谈论已也。

　　读书读到身体困倦时，可将两肩上下前后用力扭转数十遍，则周身血脉流通，精神爽快，不生诸病，修养家所谓辘轳双关是也。凡看书以及作一切事，但觉体倦，俱当为之，又能祛一切寒邪。

【译文】

《大学》里所讲的道理就在于发扬光明的品德，在于使人具有新的品德，在于使行为与善的标准相符合，这是使自己和别人的修养都得到提高的办法。读书并不是只为了涉猎广博，专门为空谈提供材料。

读书读到身体困倦时，可以把两肩上下前后用力扭动几十遍，这样全身的血脉畅通，精神爽快，各种病都不生，这就是修养所说的"辘轳双关"。凡是看书或是做别的一切事，只要觉得身体疲倦，都可以这么做，这样还能除去一切寒邪气。

古训是式

朱子家训有云：读书志在圣贤，为官心存君国。

子谓颜渊曰：用之则行，舍之则藏。

孟子曰：穷则独善其身，达则兼善天下。

【译文】

《朱子家训》中说：读书的志向在于效法圣贤，做官就要在心中想着君主国家。

　　孔子对颜渊说：任用你就出来做事，不用你就退隐藏起来。

　　孟子说：境况困顿就完善自身，仕途显达就使天下人都得到好处。

教童子法

〔清〕王筠　撰

《礼记》有心丧三年①，是师与君父同也。乃世之教童子者，只可谓之猎食。而父兄为子弟延师，亦以其幼也，而延无知之师，曾不闻王介甫先入为主之说②，是自误也。不敢望子弟为圣贤，亦当望子弟为鼎甲③。蒙养之时，识字为先，不必遽读书，先取象形、指事之纯体教之④。识"日""月"字，即以天上日月告之，识"上""下"字，即以在上在下之物告之，乃为切实。纯体字既识，乃教以合体字，又须先易讲者，而后及难讲者。讲又不必尽说正义，但须说入童子之耳。不可出之我口，便算了事。如弟子钝，则识千余字后，乃为之讲，能识二千字，乃可读书，读亦必讲。然所识之二千字，前已能解，则此时合为一句讲之，若尚未解，或并未曾讲，只可逐字讲之。八九岁时，神智渐开，则四声⑤、虚实、韵部、双声叠韵，事事都须教，兼当教之属对，且每日教一典故。才高者，全经⑥及《国语》《国策》《文选》尽读之；即才钝，亦五经、《周礼》《左传》全读之，《仪礼》《公》《穀》摘抄读之。才高者，十六岁可以学文，钝者二十岁不晚。初学文，先令读唐宋古文之浅显者。即令作论，以写书为主，不许说空话，以放为主，越多越好。但于其虚字不顺者，少改易之，以圈为主，等他知道文法而后，使读隆万文，不难成就也。

【译文】

《礼记》上规定弟子要为老师服三年心丧，可见老师与君主、父亲是同列的。但现在世上一些教儿童的人，只能认为他们是混饭吃。一些做父亲、兄长的给子弟请老师，也因为子弟的年龄小，请来一个没有知识的老师，那真是没听说过王安石的"先入为主"的说法，是自己耽误自己。不敢期望子弟成为圣人贤人，也应当期望他们以后能中个状元、探花之类的。在启蒙阶段，先要认字，不必匆忙地叫他读书，先拿用象形、指事等方法造的独体字来教他。认"日""月"字时，就把天上的日、月告诉他，认"上""下"字时，就把在上在下的各种东西告诉他，这才是切合实际的做法。独体字认识了，再教合体字。还要先教容易讲的，后再接触难的。讲的时候也不用尽说字的正规意义，只要讲些儿童容易理解的就行了。不能认为我只要说了，便算完事。如果学生比较迟钝，那么认识一千多个字后，才给他讲字义，能认识两千个字，才让他读书，读的时候也要进行讲解。如果认识两千个字，前面已经理解，那么这时候就合成一句话讲给他听，如果还没理解，或者还没有讲解过，只能每个字每个字地讲。儿童八九岁的时候，智力逐渐提高，那么四声、虚实词、韵部、双声叠韵等方面的知识，每样都要教给他，同时还要教他对对子，并且每天教一个典故。能力较强的，十三经和《国语》《战国策》《文选》都可以让他读；比较迟钝的，可以让他读五经、《周礼》和《左传》，而《仪礼》《公羊传》《穀梁传》只摘抄一部分让他读。能力强的，十六岁可以学习作文章，迟钝的二十岁也不晚。刚开始学写文章时，先让他读唐宋朝人写的古文中比较浅显的。在让他作论说文时，以写书上现成的东西为主，不许说空话，让他放开写，越多越好，只是对他文章中不通顺的虚词，稍微改一改，以圈阅赞扬为主，等他知道文法以后，再让他读明朝隆庆、万历年间的科举应试文章，不难取得成就了。

【注释】

① 心丧，老师死后，弟子在心中悼念，不穿丧服，叫心丧。《礼记》是十三经中的一种。

② 王介甫，指宋代王安石，字介甫。他认为一个人最先接受某种看法，以后就会受这种看法支配。

③ 鼎甲，科举考试中殿试的一甲前三名。

④ 象形、指事，是古代六书（六种造字方法）中的二种。用象形、指事方法造的字就是纯体字，也叫独体字。六书除象形、指事之外，还有会意、形声，用这两种方法造的字是合体字。

⑤ 四声，指平、上、去、入四种声调，后来入声字演变成其他三声，平声字分出阴阳，就是现代汉语中的阴平、阳平、上、去四种声调。

⑥ 全经，指十三经，包括《周易》《尚书》《诗经》《礼记》《周礼》《仪礼》《春秋左氏传》《春秋穀梁传》《春秋公羊传》《论语》《孟子》《尔雅》《孝经》十三种古代经典著作。

　　学生是人，不是猪狗。读书而不讲，是念藏经也①，嚼木札也。钝者或俯首受驱使，敏者必不甘心。人皆寻乐，谁肯寻苦？读书虽不如嬉戏乐，然书中得有乐趣，亦相从矣。读书一两年，即教以属对，初二字，三四月后三字，渐而加至四字，再至五字，便成一句诗矣。每日必使作诗，然要与从前所用之功，事事相反。前既教以四声，此则不论平仄②；前既教以双声叠韵，此则不论声病③；前既教以属对，此则不论对偶；三字句亦可，四字句亦可，五句也算一首，十句也算一首，但教以韵部而已。故初读诗，亦只读汉魏诗，齐梁以下，近律者不使读。吾乡非无高才，然作诗必律，律又多七言，七言又多咏物，通人见之，一开卷便是春草秋花等题目，知其外道也，掩卷不观矣。以放为主，以圈为主，等他数十句一首，而后读五七言律，束之以属对声病不难也。

【译文】

　　学生是人，不是猪狗。读书不讲解，这是念佛经，嚼木片。迟钝的学生可能老实受老师的摆弄，聪明的一定不会心甘情愿。人人都找快乐，谁肯去自找苦吃？读书虽然不如玩耍快活，但如果书中有乐趣，也可以读一读。读了一二年书，就可以教他作对子，开始对两个字，三四个月后加到三字，逐渐加到四个字，再到五个字，就成了一句诗了。一定要让他每天作诗，但方法要和从前教的都相反，从前教他四声，这时候就不讲平仄；以前教双声叠韵，这时候也不用讲有什么声韵方面的毛病；以前教他作对偶，现在也可以不管，三字句也行，四字句也行，五句也算一首诗，十句也算一首，只是教他韵部中有些什么韵字，怎样押韵。所以刚开始读诗，只让他读汉魏时期的诗，南北朝齐朝、梁朝以后接近律诗的也不要让他读。我们乡不是没有有才能的人，只是作诗一定是律诗，律诗又是七言，七言又多是吟咏景物的，懂行的人一看，开篇就是春草秋花一类的题目，就知道这些人是外行，也就合上不想看了。教作诗要让学生放开写，并以鼓励为主，等他能写出几十句一首的，再让他读五言、七言律诗，再用对偶和讲究声病来约束他也就不难了。

【注释】

① 藏经，指佛教的经书。

② 平仄，平声和仄声，上、去、入三声是仄声。

③ 声病，诗歌到南北朝齐朝、梁朝时期，沈约、谢朓等人在创作时开始讲究声律，诗歌向格律诗发展。沈约等人在创作中，又总结出声律方面的一些毛病，也就是所谓的八病。

　　诗题颇难，必古人集中所有之题，乃可使学子作。忆袁子才诗话言某人集中有《书中干胡蝶》诗①，大以为笑。我尝见此集，功夫极好，只是耳目蔽塞。咏物诗本不宜多作，然杜工部《花鸭》《苦竹》等诗②，寓意深远，又何尝不好？吴梅村《莲蓬人》《核桃船》等诗，则不如不作矣。我见何子贞太史教其侄作诗③，题目皆自撰，以目前所遇之事为题，是可法也。时下题难得，则教以《文选》咏史诸篇，而所读之书，无往非题矣。咏物题太小，与画折枝草虫一般，枉费气力，如有孝子慈孙，以示操选政者④，其入选也仅矣。此亦由师不知是魔道，未尝告之而然。

【译文】

　　诗题相当难确立，一定要是古人文集中有的题目，才可以让学生作。记得袁枚在《随园诗话》中说某个人的诗集中有《书中干蝴蝶》诗，十分可笑。我曾经看过这个集子，工夫很好，只是见识不广。咏物诗本来不适合多写，但杜甫的《花鸭》《苦竹》等诗，寓意深刻，又有什么不好？吴梅村的《莲蓬人》

《核桃船》等诗，就不如不作了。我见过何子贞太史教他侄子作诗，题目都是自己拟的，用眼前所看到的事作题目，这是可以效法的。现在题目不好出，就用《文选》中的那些咏史诗来教他，并且所读过的书，也都可以作题目。咏物诗体裁太小，跟画折枝草虫画差不多，白费力气，如果有哪个孝子贤孙拿这种诗去给编选时文的人看，入选的机会恐怕是很小的。这也是因为当老师的不知道这是条邪魔外道，没有告诉学生才造成的。

【注释】
① 袁子才，就是清代诗人袁枚，字子才，写有《随园诗话》。
② 杜工部，唐朝大诗人杜甫曾经做过检校工部员外郎，所以称他杜工部。《花鸭》《苦竹》是他的《江头五咏》中的二首。
③ 何子贞太史，指清代书法家何绍基，字子贞，做过翰林院编修，所以称他太史。
④ 操选政者，指编选科举考试应试文选的人。

　　凡每日属对，必相其本日所读，有可对者，而后出之，可以验其敏钝，即或忘之，亦教责之而无词也。

【译文】
　　凡是每天作对子，一定要看他当天学的是什么，有可以作对子的，才出给他作，这样可以检验他是敏捷还是迟钝，即使有时他忘了，也可以责备他让他没话说。

小儿无长精神，必须使有空闲。空闲即告以典故，但典故有死有活，死典故日日告之，如十三经何名？某经作注者谁①？二十四史何名②？作之者姓名？日告一事，一年即有三百六十事，师虽柉腹③，能使弟子作博学矣。如闻一典故，即逢人宣扬，此即有才干。然间三四日，必告以活典故。如问之曰：两邻争一鸡，尔能知确是某家物否？能知者即大才矣，不能知而后告以《南史》（忘出何人传中），先问两家饲鸡各用何物，而后剖嗉验之。弟子大喜者，亦有用人也，自心思长进矣。

【译文】

小孩子没有长精神，必须让他有空闲时间。空闲时就可以告诉他典故，但典故也有固定的和变通的，固定的典故可以每天都对他说一些，如十三经包括哪几种？某种经作注的是谁？作疏的又是谁？二十四史包括哪几史？作者是谁？一天教一件事，一年就有三百六十件，即使老师肚里没多少学问，也可以让学生学到广博的知识。如果学生听了一个典故，见人就说，这个学生就是有才干的。隔三四天，要告诉一个变通的典故。如问他：两家邻居争一只鸡，你能确定鸡是谁家的吗？如果他能知道，那这个学生是非常聪明的，不知道就告诉他这事出自《南史》（忘了出自哪个人的传记中），先问两家都用什么东西喂鸡，然后剖开鸡嗉子检验。学生听完十分喜欢的，也是有出息的人，自然智力会长进。

【注释】

① 作疏，对古书进行注释，并对前人所作的注释再加以注释说明。

② 二十四史，古代的二十四部史书，记载了从上古到明代的历史。也就是所谓的正史，包括《史记》《汉书》《后汉书》《三国志》《晋书》《宋书》《齐书》《梁书》《陈书》《魏书》《北齐书》《周书》《隋书》《南史》《北史》《新唐书》《旧唐书》《新五代史》《旧五代史》《宋史》《辽史》《金史》《元史》《明史》。

③ 枵（xiāo）腹，空腹，这里指没什么学问。

　　今之教者，弟子入学，视为废才，前十三四岁，则又视为天才。何也？书不取其多，不取其熟，不取其解，但念藏经而已，是废才也；忽然十余岁，便使之作文，岂有生而知作文者乎？是天才也。然其教以文也，仍以废才教之，日读二十艺①、三十艺，然以一字不讲之胸，即读俗不可耐之文，庸能解乎？费尽师傅蛮力，使之能解。钝者终身于此，芹不可掇②，敏者别读佳文。夫费数年之功，以粪浸灌其心③，又费数年之功，以洗濯其粪，何如不浸，而无庸洗之为愈乎？且此乃俗语鬼扯腿之说也。当应读书之时，不多读，不勤读，而以时文爐乱之④，是文扯书之腿也。当应学文之时，又念经书不熟不解，无作料光彩，则又欲温习，此经扯文之腿也。意不两锐，文不并隆，何如分致其功之为愈乎？

【译文】

　　现在有些教书的，学生刚入学的时候，他把学生看成废才，到了十三四岁，他又看成天才。为什么这么说？书不让他读多，不让他读熟，也不让他知道意思，只是像念佛经一样，这是把学生当废才；忽然学生到了十多岁，他就让学生作文章，哪有天生就知道怎么作文章的？这是把学生当天才了。但他教写文章时，仍是把学生当废才来教，学生每天读二十篇、三十篇科举文章，但凭着一个字也没给讲解过的心胸，即使读俗不可耐的文章，又怎么能理解呢？费尽了当老师的蛮力气，让他能理解。迟钝的学生终身就学这种东西，到头来连个秀才也考不上，聪明的又去读好文章。费了多年的功夫，用大粪浸灌学生的心灵，又费了数年的功夫，去把大粪洗掉，哪如不去浸灌也不用去洗好呢？况且这个也就是俗话所说的鬼扯腿，应当读书的时候，不让他多读勤读，却用科举文章去扰乱他，这是文章扯了读书的后腿；应当学作文章的时候，又因为经书念得不熟而且不理解，写起文章没有作料没有文采，又想回头去复习经书，这是经书扯了文章的后腿。意思不能正反两面都精辟，事情也不可能同时兴隆，不如分开来做更好。

【注释】

① 艺，时艺，指科举考试的应试文章。

② 芹不可掇（duō），"掇芹"，指考中秀才，"不可掇"为考不中。

③ 粪，指低级庸俗的知识。

④ 爚（yuè）乱：炫惑扰乱。

作诗文必须放，放之如野马，踶跳咆嗥^①，不受羁绊，久之必自厌而收束矣，此时加以衔辔^②，必俯首乐从。且弟子将脱换时，其文必变而不佳，此时必不可督责之，但涵养诱掖，待其自化，则文境必大进。譬如蚕然，其初一卵而已，渐而有首有身，蠕蠕然动，此时胜于卵也，至于作茧而蛹，又复块然，此时不如蚕也，徐俟其化而为蛾，则成矣。作文而不脱换，终是无用才也，屡次脱换，必能成家者也。若愚钝师，当其脱换而夭阏之^③，则戚矣。诸城王木舟先生（名中孚，乾隆庚辰会元^④），十四岁入学，文千余字，十八岁乡魁第四，文七百字，四十岁元，文不足六百字矣，此放极必收之验也。

【译文】

作诗作文章必须让学生放开，放开了就像野马一样，又跳又叫，不受束缚，时间长了必定会自觉没意思而收敛了，这时候再给它加上笼头缰绳，它一定会低头乐意听从。而且学生在将要变化时，他的文章一定会变得不好，这时候一定不能督促或是斥责他，只能慢慢培养并加以诱导帮助，等待他自己变化，那么他文章的境界一定会大为长进。就像蚕一样，开始不过是一粒蚕卵，渐渐地有了头和身子，能够蠕动，这时候比蚕卵要强，等到作茧时成了蚕蛹，又成了一个肉团，这时又不如蚕了，慢慢等它化成蚕蛾，就算成功了。作文章不脱胎换骨，终究是没用的才学，多次脱换，一定能成大家。如果某个愚蠢的老师，在他脱换时毁了他，那就可悲了。诸城的王木舟先生（名叫中孚，是乾隆庚辰年的会元），他十四岁入学时，写的文章有一千多字，十八岁乡试第四名时，文章只有七百字，到了四十岁成会元时，文章就不到六百字了，这是放到极点必定会收敛的验证。

【注释】

① 踶（dì），踢。

② 衔辔（xián pèi），马嚼子和马缰绳。

③ 夭阏（è），使夭折。

④ 会元，科举考试中，通过乡试的叫举人，举人再参加会试，第一名叫会元。

　　识字必裁方寸纸，依正体书之，背面写篆，独体字非篆不可识，合体则可略。既背一授，即识此一授之字，三授皆然，合读三授，又总识之。三日温书，亦仿此法，勿惮烦①。积至五十字作一包，头一遍温，仍仿此法，可以无不识矣。即逐字解之，解至三遍，可以无不解者矣。而后令其自解，每日一包，此无上下文，必须逐字解则苗实，异日能文，必能逐字嚼出汁浆，不至滑过。既能解，则为之横解，同此一字，在某句作何解，在某句又作何解，或引申，或假借，使之分别划然，即使之展转流通也。

【译文】

　　教识字时一定要裁一些一寸见方的纸片，用正楷把字写在上面，纸背面写上这个字的篆体，因为独体字从篆字可以更清楚看出造字本义，合体字就不用写篆字了。背过纸教一次后，他就认识这个字，教三次他都说对了，就把三次教的合起来，总的认一遍，三天后复习，也照这个方法，不要怕烦。积累到五十个字合成一包，头一遍温习，仍然仿照这个办法，可以没有不认识的了。然后每个字每个字地解释，解释三遍，就没有不理解的字了。然后让他自己解释，每天一包，因为这样没有上下文，必须按每个字解释意思才确实，以后作文章，必定能够每个字都嚼出味道来，不至于随意就滑过去了。学生能解释字义了，就给他讲字的联系起来的意义，同是这一个字，在某个句子中作什么解释，在另一句又作什么解释，或者是引申，或者是假借，使它区别得清清楚楚，也就是让它在不同的语句中都讲得通。

【注释】

① 惮（dàn），害怕。

教弟子如植木，但培养浇灌之，令其参天蔽日，其大本可为栋梁，即其小枝，亦可为小器具。今之教者，欲其为几也，即曲折其木以为几，不知器是做成的，不是生成底。迨其生机不遂而夭阏，以至枯槁，乃犹执夏楚①而命之曰，是弃材也，非教之罪也。呜呼！其果无罪耶？

【译文】

教学生就像种树，只要培养浇灌它，让它长成参天大树，它的树干就可以做栋梁，小树枝也可以做小的器具。现在有些教书的，想让它成为小桌子，就把树弯曲成小桌子形状，他不知道器物是制作成的，不是生长成的。等到树木的生机不旺而逐渐夭折以至于枯死，他还拿着戒尺评价说：这本来就是废材，不是教育的过错。唉，他果真是没有过错吗？

【注释】

① 夏楚（jiǎ chǔ），夏指榎木，楚指荆木。古代常用这二种木头作教学的体罚工具。

佳子弟多有说不出口底苦，为父兄的亦曾念及乎？督责以时文排律①、白摺红行，捷南宫②、入翰苑③，父兄泰然以为善教矣。敷奏一事④，则时文之法不能达其所见也，自恨读史之不早也；公燕分体赋诗⑤，则排律啜嚅之词不足道其情也，自恨《文选》之未见也。且有不知自恨者，侥幸主持文衡⑥，不知四书有《汪氏大全》《陆氏大全》《王氏汇参》也，而调取至愚极陋之《体注》，遇典故则使房官检查，不知典籍浩如烟海，绝无主名，何处检也。又不知《诗经》文或作赋，或作四六⑦，皆才人之笔，而以为文体不正，遇有知者，一屋为笑矣。不知早教以读书，则古文正有益于时文，至于出丑败坏，屈抑多士⑧，岂非父兄之教不先乎？

【译文】

　　好学生有很多说不出口的苦处，当父亲兄长的曾经考虑过吗？用科举应试文章和排律诗朝考的应制文章去督促要求他们，考中进士、进入翰林院做官，他的父兄都心安理得地认为自己会教。但当他要上奏一件事，科举应制文章的文法却不能表达他的见解了，这时才后悔没及早读史书；公家宴会上分体裁作诗，排律的那些啰唆的词句却不能表达情感了，这时才后悔没见过《文选》。还有些没有自知之明的人，侥幸让他主持考试，他也不知道四书的注本有《汪氏大全》《陆氏大全》《王氏汇参》，却参考极端愚蠢而且粗陋的《四书体注》，遇到典故就让负责阅卷的官员去查找，不知道书籍浩如烟海，要查的并没有一个主要的名字，到哪去找？又不知道《诗经》的文句有些是赋的形式，有些是四六对仗，这都是才子的手笔，他还认为这是文体不正确，遇到懂行的人，肯定要哄堂大笑。不知道如果早些教他读书，古文对于科举应试的时文也是有帮助的。至于出丑丢脸，压制众多人才，难道不是因为做父兄的没有先教他这些吗？

【注释】

① 排律，指每首所押的韵超过四韵，诗句超过八句的长篇律诗，也叫长律。

② 捷南宫，南宫告捷，这里指考中进士。

③ 翰苑，指翰林院。是替皇帝起草文书的地方。

④ 敷（fū）奏，论述上奏。

⑤ 公燕，公开举行的宴会。分体，诗人聚会时各取一种体裁作诗。

⑥ 文衡，评选文章，以选取人才。

⑦ 四六，本指一种句式，前四字，后六字，句之间对偶。后专门指
　 骈文。

⑧ 多士，众多的人才。

截得断，才合得拢。教子者，总要作今年读书、明年
废学之见，则步步着实矣。识字时，专心致志于识字，不
要打算读经；读经时，专心致志于读经，不要打算作文。
然所识之字，经不过积字成句、积句成章也。所读之经，
用其义于文，为有本之文，用其词于文，亦炳蔚之文也。
如其牵肠挂肚，瞻前顾后，欲其双美，反致两伤矣。

【译文】

　　事情能截得断，才能合得拢。教孩子的，总要做今年读书，
明年不一定再上学的打算，那么每一步都会实际做些事了。识
字的时候，专心致志地识字，不要打算去读经书；读经书的时
候，就专心致志地读，不要打算去写文章。其实经书就是把平
日所认识的字积成句子，又把句子积成一篇一章而已。读过的
经书，把它的意义用在文章里，那这篇文章就是有根据的文章，
把其中的词句用在文章里，也是华丽可观的文章。如果牵肠挂
肚，瞻前顾后，本想两件事都干，反而两件事都干不好。

《蒿庵闲话》曰：历城叶奕绳尝言强记之法云："某性甚钝，每读一书，遇意所喜好，即札录之，录讫，乃朗诵十余遍，粘之壁间，每日必十余段，少亦六七段，掩卷闲步，即就壁间观所粘录，日三五次以为常，务期精熟，一字不遗。粘壁既满，乃取第一日所粘者收笥中，俟再读有所录，补粘其处，随收随补，岁无旷日，一年之内，约得三千段，数年之后，腹笥渐富。每见务为泛览者，略得影响而止，稍经时日，便成枵腹，不如予之约取而实得也。"

【译文】

《蒿庵闲话》中写道：历城人叶奕绳曾说过一种强记的方法，他说："我的天资迟钝，每读一本书，遇到自己喜欢的地方，就记录下来。记完以后，朗诵十多遍，粘到墙壁上，每天必定粘十多段，少的时候也有六七段，合上书漫步，就去看墙壁上粘的记录，每天常看上三五遍，一定要达到精通熟练、一字不漏的地步。墙上粘满以后，就把第一天所粘的，收到书箱里，等再读书时记录下新的知识后，补贴在那个地方，随收随补，每天都不间断，这样一年之内，大约可以得到三千段，几年之后，肚里的知识逐渐丰富起来。我常见到一心要广泛阅览的人，只是略微得到一些表面的东西就停止了，稍微经过一段时间，就成腹中空虚，不如我扼要地汲取而有实际的收获。"

又曰：邢懋循常言，其师教之读书，用连号法。初日诵一纸，次日又诵一纸，并初日所诵诵之，三日又并初日次日所诵诵之，如是渐增引，至十一日，乃除去初日所诵。每日皆连诵十号，诵至一周，遂成十周，人即中下，亦无不烂熟矣。又拟题目若干道，书签上，贮之筒，每日食后，拈十签，讲说思维，令有条贯，逮作文时，遂可不劳余力。

【译文】

又写道：邢懋循常说，他的老师教他读书时，用连号法。第一天念一页纸，第二天又念一页纸，并与第一天念的连起来再念，第三天又合并头两天念的再念，逐渐增加，到第十一天，就把第一天念的去掉。每天都连着念十号，念到一遍，就等于十遍，就算是中下等智力的人，也没有不念得烂熟的了。此外还出若干道题目，写在竹签上，放在竹筒里，每天吃完饭后，拿出十签，讲一讲自己的思路，而且要求有条理，这样等到写文章时，就不用费什么劲了。

沂州张先生（筠之父执李荆原[名映轸]先生师也）尝言从学时，每日早饭后，辄曰“各自理会去”，弟子皆出，各就陇畔畦间，比反，各道其所理者，何经何文，有何疑义，张先生即解说之。吾安邱刘川南先生（名其旋），十余岁时，师为之讲书数行，辄请曰："如此，则举某章反背。"师令退，思之而复讲。如是者，每日必有之，半年后，师遂不穷于答问，是谓教学相长。然此等高足，那可多得？故为弟子讲授，必时时诘问之，令其善疑，诱以审问，则其作文时，必能标新领异，剥去肤词。

【译文】

沂州的张先生（我父亲的朋友李荆原 [名叫映轸] 先生的老师）曾经说他在教学时，每天早饭后，就说"你们自己去思考去吧"，学生就都出去，到田间地头，等到回来的时候，分别说出自己思考的结果，什么经书什么文章有哪些疑问，张先生就对这些疑问进行解说。我们安邱的刘川南先生（名叫其旋），十多岁时，老师给他讲解书，讲了几行，他就说："这样的话，书中第几章说的与这个相反。"老师让他回去，思考以后再给他讲解，像这样的事，每天都有，半年后，老师就不怕应付答问了，这就是教和学互相促进。但像这样的得意门生，哪能多得？所以给学生讲授的时候，一定要时时提问他，让他学会怀疑，引导他发问，那么他作文章时，一定能标新立异，抛弃肤浅的词句。

　　泰安赵仁甫相国（名国麟），作一讲时文书（忘其名，亦未见其书），凡十二卷，泰安刻九卷，济宁知州徐树人（名宗干）补刻三卷。闻泰安人初宗法之，以致数十年无捷南宫者，遂弃之。我以意揣之，必因仁甫先生于每种题皆录成弘正嘉文以为式，从而学成弘，以致不中也，可谓痴绝。规矩者，巧之所以出也，得规矩而失去巧，于义何居焉？试问仁甫领乡荐捷南宫之文，岂皆成弘体乎？然必选成弘者，其文无支蔓，规矩易见，故以为式。欲其穷思毕精，驰骋于规矩之中，非欲其憔悴枯槁，窘束于规矩中也。时文行已五百年，穷极才思，尚怵他人之我先[①]，而乃袭先正之貌，落孙山之外，反咎仁甫之作法于凉，岂不谬乎？今日者，如得其书甚善，不然者，亦必胪列数十种题目②，上书其名，下书其题以实之，使弟子知题有种族，即各有作法，不致临时惶惑。安邱有名解元某，其入学覆题，"视思明"九句，遂作九股，几被斥革，再覆试一次而后已，岂非师之过乎？夫门扇题，题之最易之知者也，然两扇作两股，三扇之第三股已有前半股对上二股，后半股即不必对者，况四扇仍有板作四股者，五扇以下，必不行矣。此之不教，何以为师？

【译文】

泰安人赵仁甫相国（名叫国麟），作了一本讲八股文的书（忘了书名，也没见到这本书），共十二卷，在泰安刻印了九卷，济宁知州徐树人（名叫宗干）又补刻了其余三卷。听说泰安人最初尊奉这本书，以致几十年没有考中进士的，于是抛开不用。我推测，一定是因为仁甫先生对每种题都拿明代成化、弘治、正德、嘉靖年间的文章作程式，大家跟着学成化、弘治文章，所以考不中，这真是呆得很。规矩是用来产生巧妙的，如果得了规矩却失去巧妙，那有什么意义呢？试问仁甫当年考乡试中进士时的文章，难道都是成化、弘治体吗？之所以一定要选取成化、弘治时的范文，是因为这些文章不啰唆，规矩容易看出来，所以把它作为样式。目的是让人开动思想，在规矩之内灵活运用，不是让人受规矩的束缚以致文章失去生命力。科举应试时文已经流行五百年，费尽心思，还怕别人超过我，现在只学前人文章表面的东西，以致名落孙山，反而怨仁甫的做法害人，这岂不是大错吗？现在这时候，如果找到好的参考书当然好，不然的话，也要罗列几十种题目，上面写题型，下面写题目来充实它，让学生知道题目有种类，也各有作法，不至于临时惊慌迷惑。安邱有某解元，他入学时审题，因为"视思明"是九句，于是他就作了九股，差点被撵走，又考了一次才算通过，这难道不是老师的过错吗？门扇题这种类型，是题目中最容易知道的，但两扇作成两股，三扇的第三股已经有前半股对上二股，后半股是不用对的，况且四扇仍然有固定作四股的，五扇以下，一定是行不通了。这个都不教，怎么当老师？

【注释】

① 怵（chù），害怕。

② 胪（lú）列，罗列。

　　考试不必早。凡功名无论大小，得之必学业长进，若已有二等本领，而后入学，一经长进，则可中矣。若绝无根柢，幸而入学，即长进，亦三等也，三等既久，便甘心以阘冗自居，岂不误一生乎？

【译文】

　　参加考试不必太早。凡是功名不论大小，得到了一定能使学业进步。如果经具备了二等本领，然后入官学，一经过提高，就能考中了。如果一点基础也没有，侥幸入了官学，即使有提高，也只能是三等水平，三等时间长了，就会心甘情愿地认为自己是下等才能，这岂不是耽误了一生吗？

　　学字亦不可早。小儿手小骨弱，难教以拨镫法①，八九岁不晚，学则学《玄秘塔》《臧公碑》之类②，不可学小字。大有三分好，缩小便五分好也。不可学赵③，他字有媚骨，所以受元聘。犹之近人作七言转韵古诗，对待工整，平仄谐和，不以为病，一韵到底者乃忌之，所藉口者王右丞也④，然此人亦有媚骨，进身则以《郁轮袍》，国破即降安禄山，虽唐人不讲节义，然李杜高韦，何家不可学，而必学降人乎？我所最爱者《铁像颂》，苏灵芝字品不高⑤（其结体似即松雪所从出，惟少媚骨耳），故其换笔处，易于寻求，即如"無"字，他底三横四直，其换笔之痕迹俱在，于我有益，故喜之也。最不喜者，虞永兴《夫子庙堂碑》⑥，尚出颜柳诸贤之上⑦，其换笔皆在空际，落纸则只是平铺，我若学之必板板作算盘珠矣，近人学之成家者，惟见李春湖先生（名宗瀚）耳。寿陵余子⑧，不可学步邯郸也。初学文者，大题当读小名家，亦是此意，小题则必读大家，省了诸般丑态，又不可用此法也。

【译文】

　　学写字也不能早。儿童手小骨头软，很难教他拨镫法，到八九岁再教也不晚。学就学《玄秘塔》《臧公碑》之类，不能学小字，大字写得有三分好，缩小了便有五分好。也不能学赵孟頫的字，他的字有媚骨，所以他接受元朝的任用。就跟近来人作七言换韵古诗，对仗工整、平仄和谐的不认为是毛病，一韵到底的反认为犯忌讳，他们所借口的是王右丞，但这个人也有媚骨，他能得赏识靠的就是《郁轮袍》，国家破亡后，他就投降了安禄山，虽然唐朝人不讲气节道义，但李白、杜甫、高适、韦应物，哪家不能学，偏去学一个投降的人？我最喜欢的书法作品是《铁像颂》，苏灵芝的字品第不高（赵孟頫似乎学的就是他的结构，只是多了媚骨罢了），所以他的字换笔的地方，容易看出来，比如"無"字，他的三横四直，换笔的痕迹都能看出来，这对我有好处，所以喜欢。最不喜欢的是虞世南的《夫子庙堂碑》，水平还在颜真卿、柳公权等人之上，他换笔都在空中，落在纸上都是平铺，我如果学他，一定会死板得像算盘珠子，近年来学他学成名家的只有李春湖先生（名宗瀚）。寿陵人是不能邯郸学步的。初学文章时，大题一定要学名气较小的人写的，也是这个意思。小题目就一定要读大作家的。等去掉了各种不好的毛病，就不能再用这个办法了。

【注释】

① 拨镫法，一种执笔法，也叫拨灯法。

②《玄秘塔》《臧公碑》，《玄秘塔》就是《玄秘塔碑》，是柳公权书法代表作，《臧公碑》是由颜真卿书写的。

③ 赵，指赵孟頫，元代书法家。

④ 王右丞，指王维，唐代诗人。据说他年轻时考进士前，曾向安乐公主进《郁轮袍》曲。

⑤ 苏灵芝，唐代书法家。

⑥ 虞永兴，指虞世南，唐代书法家，字永兴。

⑦ 颜、柳，颜真卿和柳公权，都是唐代书法家。

⑧ 寿陵，《庄子》上说，一个寿陵人到邯郸学别人走步，没有学好，
还忘了自己原来怎么走。

又有救急良方。吾乡有秀才，穷贫，须躬亲田事，暇
即好樗蒲①，然其作文则似手不释卷者，或问其故，则曰：
我有二十篇熟文，每日必从心中过一两遍。（不可出声，若
只是从唇边过，则不济事。）

【译文】
又有救急的好方法。我们乡有个秀才，因为家里穷，要种
地为生，闲的时候他又好赌博，但他作的文章就像天天看书的
人一样。有人问他原因，他说：我有二十篇读得很熟的文章，
每天必定从心中过一遍。（不能出声。如果只是从嘴边过，就不
管用。）

【注释】
① 樗蒲（chū pú），古代一种赌博。

入学后，每科必买直省乡墨，篇篇皆使学子圈之抹之，
乃是切实功夫。功夫有进步，不妨圈其所抹，抹其所圈，
不是圈他抹他，乃是圈我抹我也。即读经书，一有所见，
即写之书眉，以便他日涂改。若所读书都是干干净净，绝

无一字，可知是不用心也。

【译文】

　　入学以后，每一科乡试结束一定要买各省中举者作的范文，篇篇都让学生圈抹评点，才是实在的工夫。工夫有了进步，不妨圈上他们所抹掉的地方，或者抹掉他们所圈上的地方，这不是圈他抹他，评点别人，也是对自己的一种评价。读经书时，一有什么感想，立即写在书上部的空白地方，以便以后涂改。如果所读的书都是干干净净，一个字也没有，可以知道是不用心的。

　　桐城人传其先辈语曰：学生二十岁不狂，没出息；三十岁犹狂，没出息。

【译文】

　　桐城人中流传着一句他们先辈的话：学生二十岁时不狂，没出息；到三十岁时还狂，没出息。

　　孔子善诱，孟子曰"教亦多术"，故遇笨拙执拗之弟子，必多方以诱之。既得其机之所以，即从此鼓舞之，蔑不欢欣而惟命是从矣。若曰以夏楚为事，则其弟固苦，其师庸乐乎？故观其弟子欢欣鼓舞，侈谈学问者，即知是良师也；若疾首戚颜，奄奄如死人者，则笨牛也，其师将无同？

【译文】

　　孔子善于诱导，孟子也说过教育是有多种方法的，所以遇到笨拙固执的学生，一定要用多种方法诱导他，等到发现启发他的最好的时机以后，就从这个地方鼓舞他，没有不高兴的，而且老师说什么他们听什么。如果每天就知道用教鞭戒尺，那么当学生的固然是觉得苦，但当老师的就能快乐吗？所以看到学生欢欣鼓舞，好谈论学问，就知道他们的老师是个好老师；如果愁眉苦脸，像死人一样没有生气，这肯定是个笨牛，他的老师大概也一样。

　　人之才不一。有小才而锋颖者，可以取快一时，终无大成就；有大才而汙漫者，须二十年功，学问既博，收拢起来，方能成就，此时则非常人所及矣，须耐烦。

【译文】

　　人的才能是不一样的。有些人才气小但锋芒毕露，可以取得一时的快意，但最终没有大的成就；有些人才气大但表现得很宽泛，不明显，必须有二十年的工夫，学问广博起来并且集聚在一起，才能成功，到那时就不是一般人能赶得上的了，但老师必须有耐心。

　　功名、学问、德行，本三事也。今人以功名为学问，几几并以为德行。教子者当别出手眼，应对进退，事事教

之；孝弟忠信，时时教之。讲书时，常为之提倡正史中此等事，使之印证，且兼资博洽矣。学问既深，坐待功名，进固可战，退有可守，不可痴思功名。时文排律之外，一切不学，设命中无功名，则所学者无可以自娱，无可以教子，不能使乡里称善人，士友称博学，当此时而回想数十年之功，何学不就，何德不成？今虽悔恨而无及矣，不已晚乎？

【译文】

功名、学问、德行，本来是三个不同的概念，现在有些人却把功名当学问，甚至几乎把德行也算在功名中。教育孩子的应该有新的观点，应对进退，每件事都要教他；孝悌忠信，也时常要教他。讲解书的时候，常把正史中记载的这一类事说给他听，使他能得到验证，而且能使他长见识。学问具备一定深度后，取得功名是很容易的事，进取时固然能拼搏一番，退居时也有可守的，不能一门心思想着功名，除了应试时文和排律之外，什么都不学，假设他命里注定没有功名，那他学的那些东西既不能自娱，也不能用来教孩子，既不能让乡里称他是好人，也不能让朋友称他有学问，在这个时候再回想以前几十年下的功夫，什么学问做不成？什么品德修不成？现在即使悔恨也已经来不及了。

律诗以徐庾为正宗[①]，《醴陵集》有注本否？《子山集》注本二，其一佳，我忘其名，检《四库全书简明目录》即知之。章岂绩（名藻功，康熙中翰林，著《思绮堂文集》）论四六文曰：惟唐工丽，得无尚少机神；若宋流通，或且碍于浅率。又曰：吴园次班香宋艳[2]，接但短兵（吴所著《吴蕙堂集》，我甚爱之，与时下风气亦合）；陈其年陆海潘江[3]，穿如末弩（陈检讨四六集有注本，所用典故，重复拉杂，我亦不喜）。是章氏于当时名家，皆不许可。然《思绮堂集》亦近日翰林诸老所谓不在行者，以其似有韵之文也。近刻《八家四六文集》，似吴谷人、袁子才两家为最，而吴尤当行出色。赋固以细腻见长也，朱虹舫先生（名方增）大考第一[4]，《八月其获赋》足与律赋偶，《笔中储麟趾》《九日登高赋》，媲美老笔也。大约细腻波峭，是今日当行，不宜作长篇也，不要长枪大剑。六朝体，小场不废，翰苑不宜。

【译文】

律赋以徐陵和庾信为正宗，《醴陵集》不知有没有注本？《子山集》有两个注本，其中一个较好，我忘了名字，查《四库全书简明目录》就可以知道。章岂绩（名藻功，康熙年间的翰林学士，著有《思绮堂文集》）评论四六骈文说：唐代的工整华丽，但恐怕还少点神气；宋代的流畅通达，但有时又比较浅显粗率。又说：吴园次的四六文具有班固、宋玉的华彩，但像打仗只用短兵器显得局促（吴氏所著的《吴蕙堂集》，我十分喜爱，与现在的风气也相合）；陈其年学陆机、潘岳的气势，但就像强弩之末缺少劲道（陈检讨的四六集有注本，但所用的典故，重复而且拖拉，我也不喜欢）。可见章氏对当时骈文名家，都看不上。但他的《思绮堂集》也是近来翰林院各位先生所说的不在行一类的，因为它像有韵的文章。最近刻印的《八家四六文集》中，好像吴谷人、袁子才两家的最好，而吴谷人尤其是这一行最出色的。赋，一般以细腻见长，朱虹舫先生（名叫方增）是大考第一名，他的《八月其获赋》足以与律赋相比，《笼中储麟趾》《九日登高赋》，可以和老写这个的相媲美。大约细腻有起伏是现在流行的风格，不适合作长篇，不要长枪大剑的风格。六朝体，小考时可以用，但翰林院的考试就不适合了。

【注释】

① 徐庾，徐陵和庾信，是南北朝时的文学家，他们的文章被当时的人称为"徐庾体"。

② 班香宋艳，班指班固，汉代文学家；宋指宋玉，战国时辞赋家。他们写的赋文采华丽。

③ 陆海潘江，陆指陆机，潘指潘岳，都是晋代文学家。他们的赋形式工整，流畅通达。

④ 大考，清代翰林、詹事官员的升职考职，决定这些官员的升留罚降。

　　我幼年所受之苦，附书于此。读四书时①，见《大学》《中庸》注，皆题朱某章句，《论语》则题朱某集注，不知古人注书，多名章句，又不知《学》《庸》是古注粗疏，朱子创为此注，则名章句；《论语》则多前贤说，故名集注也。又不知"注""註"是古今字，转以"註"字为正，不敢问之师也。读《诗经》时②，见"《国风》一"，不知下有"《小雅》二""《大难》三""《颂》四"也。又曰"《周南》一之一"，不知上"一"字承"《国风》一"，下"一"字对下"《召南》一之二"至"《豳》一之十五"言也，直以为呓语而已，亦不敢问之师也。读《周易》时③，见二程子序，当时虽不知朱子乃程子再传弟子，无由为朱子作序，然疑四书《诗经》，皆朱子自作序，此何以他人作序也。朱注《周易》一段，末云："今乃定为经二卷，传十卷。"核其卷数，固不符，不知朱子《本义》，本连书于程子《易传》之后，述而不作，故谦而不再作序。朱子定本，是文王《彖辞》、周公《爻辞》，分两篇居首，孔子自作者，退处于后，不敢掺杂先圣之文，圣人之谦也。曰《彖》上、《彖》下、《象》上、《象》下、《系辞》上、《系辞》下、《文言》《说卦》《序卦》《杂卦》，谓之十翼。《御纂周易折中》，即用朱子旧本也。明永乐时，苏州府教授（忘此妄人之名矣）删程传，专用《本义》，朱子曰程传备矣者，始录传于后，而《序卦》传之程传，本分冠各卦之首，他不知合录于本篇，遂致《序卦》无一字注解，我虽疑之，亦不敢问也。惟十一岁从王惺斋师（名朝辂），事事皆讲，遂知用心，以有今日。夫此等可疑之事，皆属皮毛，不关大体，尚无训诲者，今我独感惺斋师，愿天下之为师者，各为其心丧三年计也。

【译文】

我幼年读书所受的苦，附带写在这里。读四书的时候，见到《大学》《中庸》的注释，都写着朱熹章句，《论语》题的则是朱某集注，不知道古人给书作注释，大多叫章句，又不知道《大学》《中庸》是因为古时的注释比较简单而且不一定确切，所以朱子用这种方式重新注释，叫章句，《论语》注中因为引了很多前人的说法，所以叫集注。又不知道"注"和"註"一个是古代的写法，一个是现在的写法，反而以为"註"才是正确的写法，也不敢问老师。读《诗经》的时候，见到"《国风》一"，不知道下面还有"《小雅》二""《大雅》三""《颂》四"。书中还有写"《周南》一之一"的，我也不知道前面的"一"字是对应"《国风》一"的，后面的"一"字是对应下面的"《召南》一之二"到"《豳》一之十五"的，还以为是书中说梦话，也是不敢询问老师。读《周易》的时候，见到二程作的序，当时虽然不知道朱子就是二程的再传弟子，二程不可能替朱子作序，但也疑惑四书、《诗经》都是朱子自己作的序，这里为什么是别人作的序？朱子注的《周易》中一段的最末写道："现在确定经文是二卷，传文是十卷。"核对一下，这种说法与实际并不符合，不知道朱子《本义》，是把自己作的放在二程的《易传》后面，表示自己是陈述二程的说法，没有什么创见，所以也就谦虚地不再写序了。朱子确定的本子，是把文王作的《彖辞》和周公作的《爻辞》分成二篇放在前面，孔子所作的放在后面不敢把自己的说法掺杂到先圣的文辞中，这也是圣人的谦逊品德。就是《彖》上下篇、《象》上下篇、《系辞》上下篇、《文言》、《说卦》、《序卦》、《杂卦》，这叫十翼。《御纂周易折中》采用的就是朱子确定的本子。明朝永乐年间，苏州府有个府学教授（忘了这个不知高低的人的名字）将二程所作的传说删掉，只用《本义》，朱子说程传具备了的，才在后面记录传，但《序卦》传中的二程传，本来是分别放在各卦的前面的，他不知道合在一起放在本篇，因而使《序卦》没有一个字的注解，我虽然怀疑，也不敢询问。只在十一岁的时候跟着王惺斋老师（名叫朝辂），他事事都讲，我从此才知道用心，因此才有今天。像前面这类可疑的事，都属于皮毛，与大体没有什么关系，尚且没人教诲我，让我只能感谢惺斋老师一人。但愿天下当老师的，都为自己身后学生服三年心丧这件事考虑考虑。

【注释】

① 四书，宋代思想家把《论语》《孟子》与《礼记》中的两篇《大学》《中庸》合在一起，称为四书。

②《诗经》，十三经之一，是我国古代最早的诗歌总集。书中按诗的来源和性质分成《国风》《小雅》《大雅》《颂》四个部分，每个部分又分为若干篇，每篇又有若干首。像《周南》《召南》就是《国风》中的两篇。

③《周易》，十三经之一，是上古时的占卦卜筮书，据说其中的卦辞和爻辞是文王、周公所作，而传说（也就是所谓的"十翼"）是孔子所作。宋代思想家程颐、程颢（合称二程）曾对《周易》做过解说。

　　我曾看俞氏所选百二名家，是时胸中尚无泾渭，不能知其根柢所从出，派别所由分，看亦无益，是躗工夫也①。王罕皆选《程墨所见集》，则当看古人实功，今人不肯用，但看其文，知其路径，得其皮毛，足以标异矣。其中一题数篇者，先看其题，无不解也，及看其文，而后知我所解者非也。看三四遍，始解其制局命意之所在，恍然曰：我今乃解此题矣。又看一篇，则又不知所云，看三四遍，而后恍然曰：此题又有此制度也。每看一遍皆然，虽不能学，然也必无肤泛语矣。

【译文】

　　我曾经看过俞氏所选的《百二名家集》，当时胸中还分不出什么好坏，不能知道他的根底是从哪儿来的，派别是怎么分的，看了也没有好处，下的是笨工夫。王罕皆所选的《程墨所见集》，就应当从中看看古人实际功夫，现在的人不肯用，只是看他选的文章，知道了路数，得到一些皮毛，就足以与别人不同了。其中有一个题目选几篇文章的，开始看题目，没有什么不理解的，等到看了文章，才知道我所理解的都错了，看三四遍后，才知道他的布局和立意，恍然大悟地说：到现在我才理解这道题。又看另一篇，又不知道作者说的是什么，看了三四遍后才恍然大悟说：这道题又有这么一种写法。每看一遍都是这样，虽然学不了，但此后写文章，也一定没有肤浅的平庸的语句了。

【注释】

① 骏（ái），呆，傻。

藏法于理者，上也，以法运理者，次也，上不如次，有目共见。法莫巧于隆万，但去其扭捏可厌一种，学其钩心斗角，花攒锦簇，骗得功名到手，何书不可读？必欲以时文名家，则骇矣。时文已被前人做尽，是以顾耕石会墨并非题之正解（君子喻于义节），然令人一看，知其于从前此题名作，都已见过，他又别发一义也。盖古人所作，自道其所得，今人所作，如随风败叶，不但身心性命、国计民生全无交涉，即用为谈资，亦令人欲呕也。

【译文】

将方法藏在理论中的是上等文章，用方法去运用理论的，是次等的文章，上等的不如次等的，是谁都清楚的。方法没有能巧过明代隆庆和万历年间的文章的，只要去掉它做作让人生厌这个毛病，学习它的巧妙布局和华丽文采，将功名骗到手后，什么书不能读？如果一定想靠时文出名，那就呆了。时文已经被前人研究完了，所以顾耕石考试时（"君子喻于义"这一节）写的并不是题目的标准解法，但让人一看他对这道题前人作过的好文章都看过，他是另发一种议论。古人作的文章，是说他自己的感受，现在人所作的，就像随风吹的枯树叶，不但身心性命、国计民生，一点也没涉及，即使用作谈话的资本，也令人作呕。

或精团气聚，或解花嫩柳，或流利蓬勃，无不售者。古淡艰深，皆自取其祸，乔坐衙者（天地人三股，五经五股，尤王体之类），更无论矣。

【译文】

　　有的精炼紧凑，有的新鲜可爱，有的流利蓬勃，这样的文章没有不受到赏识的。而古奥难懂的文章都是自己找倒霉，故意装作一副正宗面孔的（如天地人三股、五经五股，都是属于王体一类的），更不用说了。